edition unseld 28

W0048940

In seinem vielgelesenen und vielgepriesenen Buch *Du mußt dein Leben ändern* hat Peter Sloterdijk das Üben als entscheidende Dimension der *conditio humana* herausgestellt. In seinem neuen Buch betrachtet er unter dieser neuen Perspektive die Wissenschaft und das Tun des Wissenschaftlers. Peter Sloterdijk begreift Wissenschaft als eine Art und Weise, mit Hilfe von wissenschaftserzeugenden Übungsverfahren den Wissenschaftler selber ins Leben zu rufen. Ein solches Verfahren setzt ein mit Platons Berichten über seinen athenischen Lehrer: Der litt darunter, daß er einen starken inneren Monolog mit sich führte, der ihn darum brachte, irgendwo einfach stehenzubleiben. Die ursprüngliche Akademie ist also ein Übungszentrum, in dem die Menschen es lernen, der Welt nach den Regeln der Kunst abhanden zu kommen. Selbst die heutigen Universitäten haben auf diesem Gebiet einiges geleistet. Auch sie stehen in der Tradition dieser platonischen »Absencenbeherbergungen«, auch sie stellen die Liaison her zwischen der Andersartigkeit des Denkens und der Andersortigkeit des Denkens, welche die Einübung der Wissenschaft allererst ermöglicht.

Peter Sloterdijk, geboren 1947, ist Professor für Ästhetik und Philosophie an der Hochschule für Gestaltung in Karlsruhe und lehrt an der Akademie der Bildenden Künste in Wien.

Scheintod im Denken.
Von Philosophie und
Wissenschaft als Übung.

Unseld Lecture
Tübingen 2009

Peter Sloterdijk

Suhrkamp

Die *edition unseld* wird unterstützt durch eine Partnerschaft
mit dem Nachrichtenportal *Spiegel Online*. www.spiegel.de

edition unseld 28
Erste Auflage 2010
© Suhrkamp Verlag Berlin 2010
Originalausgabe
Druck: CPI – Ebner & Spiegel, Ulm
Umschlaggestaltung: Nina Vöge und Alexander Stublić
Printed in Germany
ISBN 978-3-518-26028-9

2 3 4 5 6 – 15 14 13 12

Scheintod im Denken

Inhalt

... mit Recht sagen die Dichter: »Der Geist ist der Gott in uns«
und »Das sterbliche Leben faßt einen Teil eines Gottes in sich« ...
Also bleibt nur eine Wahl: Man muß entweder philosophieren
oder aber vom Leben Abschied nehmen und von dannen schei-
den ...   Aristoteles, *Protreptikos*

Von beiden aber, vom zurückgekehrten Scheintoten und vom
zurückgekehrten Moses, kann man viel lernen, aber das Entscheidende kann man von ihnen nicht erfahren, denn sie selber
haben es nicht erfahren. Und hätten sie es erfahren, so wären sie
nicht mehr zurückgekommen. Aber wir wollen es auch gar nicht
erfahren.   Frank Kafka, *Vom Scheintod*

Meine Damen und Herren,

von dem griechischen Philosophen Epikur ist sinngemäß
der Satz überliefert: Wer zu Menschen spricht, möge bedenken, daß eine kurze und eine lange Rede auf dasselbe
hinauskommen. Ich zitiere diese Bemerkung gelegentlich
am Anfang von Vorträgen, um dem dann meistens leicht
entsetzten Publikum zu erklären, es müsse sich für diesmal
auf die lange Version gefaßt machen, die ohne Verlust an
der Stelle der kurzen stehen kann – und so auch heute.
Damit Sie vorhersehen, was Sie in der kommenden Stunde
erwartet – wobei die Tübinger Stunde nach Auskunft von
Kennern etwas länger ausfällt als sechzig Minuten der Stan-
dardzeit –, möchte ich etwas tun, was Rhapsoden früherer
Epochen zu Beginn ihrer Rezitationen gelegentlich praktiziert haben sollen: Ich schicke den Inhalt dessen, was hier
erwartet werden soll, Punkt für Punkt voraus, soweit ich es
vorhersehen kann, und kündige so detailliert wie möglich
an, was nach dem jetzigen Stand der Planung zu hören sein
wird. Alle überflüssige Spannung ist damit von Anfang an
beseitigt, und Sie sind frei, den Ausführungen des Referen-
ten in Kenntnis von Anfang, Mitte und Ende seines Vorhabens in aller Gelassenheit zu folgen.

Ich habe meine Überlegungen in vier Abschnitte unter-
teilt – woran Sie im übrigen ablesen können, daß ich nicht
als Angehöriger der theologischen Zunft zu Ihnen spreche.
Theologen gliedern ihre Gedanken, wie Sie wissen, am lieb-
sten in drei Kapitel, da sie sich gern ins Innenleben Gottes

versetzen, wo die Dreizahl den Ton angibt, gelegentlich auch in sieben, sofern sie in Nachahmung des Schöpfers die Stimme erheben, oder in zehn, wenn sie sich dem Urheber der Gebote-Tafeln angleichen. Dagegen versuche ich es heute abend mit der klassischen philosophischen Quaternität, der die Annahme zugrunde liegt, man müsse, um die Wahrheit zu sagen, bis vier zählen können.

Ich spreche also zunächst in vorbereitender Absicht über Wissenschaft als übende Anthropotechnik im allgemeinen, indem ich dem Thema sachlich und historisch Kontur gebe. Zu diesem Zweck erinnere ich an zwei Gründergestalten des philosophischen Denkens, an Edmund Husserl, der für einen modernen Neuanfang von Philosophie als präziser Theorie steht, und an Sokrates, mit dessen Auftreten vor fast zweitausendfünfhundert Jahren die antike Suche nach Wahrheit und Weisheit einsetzt, von welcher das bis in die Gegenwart virulente Phänomen namens »Philosophie« herstammt.

Im zweiten Abschnitt werde ich, noch immer eher propädeutisch als direkt zur Sache, über die mehrfache Bedingtheit des *epoché*-fähigen Menschen reden – ich bitte um Geduld, bis ich Gelegenheit finde, diesen möglicherweise obskuren Ausdruck zu erläutern. Von ihm will ich jetzt nur so viel verraten, daß er einen Deutungsvorschlag für das evolutionär so unwahrscheinliche und empirisch so massive Phänomen des *bios theoretikós* in seinen zahlreichen Variationen enthält. Durch dessen Auftauchen werden die menschlichen Kommunen seit mehr als zweieinhalbtausend Jahren moralisch beunruhigt und kognitiv vorangetrieben – Grund genug, sich nach den Bedingungen der Möglichkeit von theoretischem Verhalten zu erkundigen.

Im dritten Abschnitt werde ich zum Kern des heutigen Themas vordringen und mich mit der Formierung oder Selbsterzeugung des desinteressierten Menschen beschäftigen. Das verlangt, daß ich die von der Antike an bekannten Lehren vom epistemischen Scheintod der Wissenden zur Sprache bringe – in der gebotenen Kürze, wie sich versteht. Hier wird zu zeigen sein, warum die Vorstellung, wonach der denkende Mensch ein Art Toter auf Urlaub sein müsse, von der alteuropäischen Rationalitätskultur unabtrennbar ist, insbesondere von der klassischen, platonisch inspirierten Philosophie. Wir finden Gelegenheit, den berüchtigten Lehrsatz des Sokrates in Augenschein zu nehmen, es gehe dem wahren Liebhaber der Weisheit darum, schon bei Lebzeiten so tot wie möglich zu sein – denn nur die Toten genießen, wenn man dem Idealismus glauben darf, das Privileg, die jenseitigen Wahrheiten »autoptisch« wie von Angesicht zu Angesicht zu schauen. Gemeint sind natürlich nicht die Toten im Sinn der Bestattungsunternehmen, sondern die philosophisch Toten, die nach der Ablegung des Körpers vorgeblich zu reinen Intellekten oder unpersönlichen Geistseelen werden. Sokrates suggeriert mit diesen Hinweisen, das Totsein, das die Theorie begünstigt, lasse sich in gewisser Hinsicht erlernen. Was man Methode nennt, ist darum nicht bloß der wissenschaftliche Weg zu den Sachen, sie ist ebenso die Annäherung an den Zustand des erkenntnisfördernden Beinahe-Todes. Schon Platon kannte ein Vorlaufen in den Tod, jedoch nicht jenes in den »eigenen Tod«, das Heidegger in *Sein und Zeit* 1927 für seine Lehre vom Entschluß zum authentischen Dasein reklamierte, vielmehr ein Vorlaufen in den anonym machenden, alles Private und Individuelle überwindenden Tod, mit dem nach ihm der Zugang zur großen Theorie bezahlt wird. Das bedeutet im übrigen, daß die vormals vielgelobte *ars moriendi*, die den Stoikern der Antike wie manchen mystischen Theologen des Spätmittelalters als Königsdisziplin der Ethik galt, gar nicht so sehr, wie man vermuten könnte, die Übernahme des Heroismus in die Sphäre des kontemplativen Lebens impliziert. Sie bildet vielmehr ein zentrales Kapitel der Erkenntnistheorie. Unter der platonischen Annahme, Immerwährendes und Unsterbliches werde nur durch Ebenbürtiges erkannt, erlangt die Suche nach einem hierfür geeigneten Organ in uns höchste Bedeutung. Ihr Erfolg entscheidet über die Möglichkeit von wahrer Theorie, wie sie von den Alten aufgefaßt wurde. Könnten wir ein solches Organ fürs Unvergängliche nicht schon zu Lebzeiten aktivieren, so wäre die Hoffnung auf gültige und bleibende Erkenntnis vergeblich. Besitzen wir aber ein solches, dann sollten wir uns darum bemühen, von ihm so früh wie möglich Gebrauch zu machen. Dies käme dem Versuch gleich, »im voraus« zu sterben, nicht, um länger tot zu sein, sondern um unsere latente Unsterblichkeitskompetenz offenzulegen, während wir noch in der sterblichen Hülle stecken. Im Kontext solcher absonderlichen und schwermütigen Fragen sind die metaphysischen Grundlagen des alteuropäischen Rationalismus zu begutachten – und wir werden sehen, daß das Wort »metaphysisch« hier soviel wie »epistemo-thanatologisch« bedeutet.

Im vierten und letzten Abschnitt handle ich von dem Attentat, das moderne Epistemologen gemeinsam mit naturalistischen Philosophen, Ideologen und aufgeregten Geistern aller Couleurs auf den *homo theoreticus* überlieferten Typs unternommen haben. Der Vorgang ist mit der Tötung eines Scheintoten gleichbedeutend. Die Interpretation dieses paradoxen Dramas – von dem man nicht weiß, ob es eher einen Mord oder eine Wiederbelebung darstellt – soll uns in der abschließenden Überlegung beschäftigen. Ich bringe dort eine Ambivalenz zur Sprache, die der modernen Rationalitätskultur seit der Abkopplung von ihrer langen metaphysischen Anschubphase innewohnt. Einerseits begrüßen wir die Wiederverweltlichung des entweltlichten Wissens als zivilisatorischen Gewinn wie als politische Chance, und wir heißen die Rückkehr der Denkenden in den Kreis der gewöhnlichen Lebenden gut. Andererseits haben wir wohl nie genug bedacht, was es bedeutet, wenn unsere aktuellen epistemologischen Überzeugungen auf einem nicht leicht klassifizierbaren Verbrechen beruhen – ebenjener Tötung des Scheintoten, aufgrund deren nun auch die theoretischen Menschen wieder wie Leute von nebenan erscheinen, sollten sie auch Albert Einstein, Max Weber, Claude Lévi-Strauss oder Niklas Luhmann heißen.

Ich bin mir bewußt, mit diesen Überlegungen ein Terrain zu betreten, das zur Zeit nur selten besucht und noch seltener erforscht wird. Wer stellt heute überhaupt noch die Frage, warum der alteuropäischen Theoriekultur an der

Pflege der erhabenen Scheintoten ebensosoviel gelegen war wie der mittelalterlichen Kirche am Kult der Heiligen? Wie wir noch längst nicht alle Konsequenzen aus dem Satz »Gott ist tot« gezogen haben, sind uns auch bei weitem noch nicht sämtliche Implikationen des Satzes: »der reine Beobachter ist tot« bewußt. Die Säkularisation der kognitiven Prozesse nimmt offensichtlich viel mehr Zeit in Anspruch, als die meisten Positivisten im 19. Jahrhundert, Teilchenphysiker im 20. oder Neurowissenschaftler im 21. Jahrhundert vorherzusehen vermochten. Mit der Tötung des heiligen Monstrums, als welches der Erkennende bis vor kurzem gegolten hatte, war nur ein Anfang gemacht – die Folgen sind noch immer nicht zu überblicken. Zu dieser Tat fand sich überdies eine größere Zahl von Tätern aus den verschiedensten Motiven und mit den diversesten Werkzeugen zusammen – ich werde insgesamt zehn aufzählen –, so daß eine Zurechnung von präzisen Schuldanteilen an jeden einzelnen Angreifer praktisch unmöglich ist.

In der Sache handelt es sich bei diesem Verbrechen um etwas, was man einen Angelozid nennen müßte, mithin um einen Tatbestand, der nicht offiziell verfolgt wird, weil weder Staatsanwälte noch Epistemologen die Existenz von Engeln zugeben. Sie halten diese nicht für eine Klasse von ermordbaren Subjekten und gehen Hinweisen auf mögliche Straftaten an ihnen nicht nach. Die Kasuistik des Engelmordes verkompliziert sich obendrein durch den Umstand, daß kein *corpus delicti* nachzuweisen ist. Es gibt zwar eine Fülle von Motiven und mutmaßlichen Tätern, aber keine Leiche, die einem Engel gliche. Im Gegenteil, wo theorietreibende Engel liquidiert werden, bleiben reale, allzu reale Menschen zurück, in Hörsälen, in Laboratorien, in Bibliotheken und in nicht enden wollenden Fakultätssitzungen. Ja, wenn es etwas gäbe, wogegen diese Opfer der Ent-Engelung klagen dürften, so wäre es die Tatsache, daß man sie aus einer erlesenen Unwirklichkeit in die profane Existenz zurückversetzt hat. Nicht alle Subjekte von Reanimationen begrüßen ihre Rückkehr ins volle Leben, ja, ich hege gegen manche zeitgenössischen Theoretiker den Verdacht, sie bedauerten ihre Zurückholung aus dem schönen Tod der Interesselosigkeit in die Arena der kognitiven Realpolitik. Doch auch in dieser Sache bitte ich um Geduld, bis mir der Fortschritt meiner Ausführungen Gelegenheit bietet, zu konkretisieren, was im Augenblick nur andeutend gesagt werden kann.

Eine zusätzliche vorbereitende Bemerkung scheint mir unentbehrlich. Da alles, was folgt, nur richtig verstanden und sachgerecht eingeordnet werden kann, wenn man den Begriff »Übung« in der ganzen Weite seiner Bedeutungen ernst nimmt, komme ich nicht umhin, ein Wort über diese von der theoretischen Moderne vergessene, wenn nicht sogar mutwillig beiseite gesetzte und verächtlich gemachte Kategorie menschlicher Praxis vorauszuschicken. In meinem jüngsten Buch, *Du mußt dein Leben ändern. Über Anthropotechnik*, dem seit seinem Erscheinen vor wenigen Monaten[1] eine Welle konstruktiver Aufmerksamkeit begegnet, habe ich den Versuch unternommen, dem Begriff

1 Frankfurt am Main, März 2009.

Übung den hohen Stellenwert zurückzugeben, der ihm aufgrund seiner Bedeutsamkeit im Ethos der Hochkulturen seit langem hätte zukommen müssen – und der ihm doch aufgrund systematischer Lücken im Vokabular der neuzeitlichen Philosophie und wegen blinder Flecke im Sehfeld der dominanten soziologischen Handlungstheorien bisher verweigert wurde. Ich zeige in dem genannten Buch einigermaßen ausführlich, wie die traditionellen Ansätze, menschliches Handeln zu klassifizieren, namentlich die bekannte, anfangs nur für Mönche zuständige Unterscheidung von *vita activa* und *vita contemplativa*, mit dem Effekt verbunden waren, die Dimension Übung als solche unsichtbar, wenn nicht sogar undenkbar zu machen. Sobald man sich auf die eingeschliffene Differenz von »aktiv« und »kontemplativ« einläßt, als wäre sie eine exklusive und vollständige Alternative, so verschwindet ein umfangreicher Komplex menschlichen Verhaltens aus dem Blick, der weder bloß aktiv noch bloß kontemplativ ist: Ich nenne ihn das übende Leben.

Seiner Natur gemäß bildet dieses einen gemischten Bereich: Es erscheint kontemplativ, ohne deswegen auf Züge von Aktivität zu verzichten, es erscheint aktiv, ohne deswegen die kontemplative Perspektive zu verlieren. Üben ist die älteste und folgenreichste Form einer selbstbezüglichen Praxis: Seine Resultate fließen nicht in äußere Zustände oder Objekte ein, wie beim Arbeiten und Herstellen, sie elaborieren den Übenden selbst und bringen ihn als Subjekt-das-kann »in Form«. Das Ergebnis von Übung zeigt sich in der aktuellen »Kondition«, das heißt in der Könnensverfassung des Übenden. Je nach dem Kontext beschreibt man diese als Habitus, Tugend, Virtuosität, Kompetenz, Exzellenz oder Fitness. Das Subjekt, als Träger seiner Trainingsreihen aufgefaßt, sichert und potenziert sein Können, indem es sich seinen typischen Übungen unterzieht – wobei die von gleichem Schwierigkeitsgrad eher als Erhaltungsübungen zu bewerten sind, indessen die mit steigendem Schwierigkeitsgrad als Entfaltungsübungen gelten müssen. Die klassische *askesis*, wie die griechischen Athleten ihr Training bezeichneten (womit sie den frühchristlichen Mönchen, die sich die *Athleten Christi* nannten, ein epochal weiterwirkendes Muster boten), war immer schon zwitterhaft. Man verliert ihren Eigenwert aus den Augen, sobald man das Üben in die Unterscheidung von Theorie und Praxis oder von tätigem und beschaulichem Leben zwängt. Ebenso verhält es sich mit den handlungstheoretischen Differenzierungen, die zeitgenössische Autoren eingeführt haben, etwa durch die Gegenüberstellung von kommunikativem und instrumentellem Handeln oder gar von Arbeit und Interaktion. Auch durch diese Gliederungen des praktischen Felds wird die Dimension des übenden Lebens unsichtbar.

Von deren Ausdehnung, Gewicht und Formenfülle versuche ich in meinem Buch einen Eindruck zu vermitteln. Ich zitiere dort Nietzsches beziehungsreiche Bemerkung, vom Weltall aus gesehen müßte die Erde des metaphysischen Zeitalters geradezu als der »asketische Stern« erscheinen – auf ihm sei der Kampf des lebensunfrohen Volks der religiösen Asketen gegen die innere Natur die »längste und breiteste Thatsache, die es giebt«.[2] Nun sei jedoch die Zeit gekommen, die lebensverneinenden Askesen abzustoßen, um die schon allzulange außer Gebrauch geratenen Künste der Bejahung wieder zu erwerben.

Die Wirkung von Nietzsches Intervention war überwiegend paradox: Von all den Arbeiten der Erdenbewohner »an sich selbst«, von ihren Askesen, ihren Trainings und ihren Bemühungen, in Form zu kommen, seien sie von bejahender oder verneinender Tendenz, wissen die modernen Sozialphilosophen, die kritischen Theoretiker und allgegenwärtigen Sozialpsychologen nach wie vor so gut wie nichts, da sie für dieses Phänomen noch immer blind machende Brillen tragen. Nicht besser ergeht es dem übenden Leben in Hannah Arendts vielgelesenem Werk *Vita activa*: Es kommt darin nicht vor – ein merkwürdiger Befund an einer Untersuchung, die verspricht, die »menschliche Kondition« zu erläutern.[3] Die Bürger moderner Lebenswelten jedoch wissen es seit langem besser – sie ließen sich von der erworbenen Blindheit der Theoretiker nicht beeindrucken. Sie haben die Schleusen für die offiziell ignorierten Übungspraktiken weit geöffnet, und die von Nietzsche postulierten Steigerungsaskesen sind unter diversen Namen – Fortbildung, Training, Fitness, Sport, Diätetik, Selbstdesign, The-

2 Friedrich Nietzsche, Zur Genealogie der Moral, Dritte Abhandlung: was bedeuten asketische Ideale?, in: ders., Sämtliche Werke, Kritische Studienausgabe, München 1980, Band 5, S. 362.
3 Hannah Arendt, The Human Condition, Chicago 1958; deutsch: Vita activa oder Vom tätigen Leben, München/Zürich 1960, vierte Auflage 2006.

rapie, Meditation – zum dominierenden *modus vivendi* in den leistungsbejahenden Subkulturen des Westens geworden. Überdies spricht alles dafür, daß die alten Großmächte des Übens in Ostasien, namentlich China und Indien (nach dem Vorgang Japans), nun ihrerseits die Umstellung auf weltzugewandte Formen des Trainings vollzogen haben. Sie haben ein neues offensives Leistungsregime ins Leben gerufen, das vermutlich bald über alles hinausgeht, was die ermattenden Europäer zustande bringen.

Indem ich den Akzent auf den Übungsaspekt des menschlichen Daseins setze, trage ich der scheinbar trivialen, in Wahrheit unabsehbar folgenschweren Tatsache Rechnung, daß alles, was Menschen tun und können, mehr oder weniger gut gekonnt wird und besser oder schlechter getan wird. Stets sind die Könner und Täter in ein spontanes Ranking des Besser- oder Schlechter-Könnens und -Tuns einbezogen – ich beschreibe Differenzen dieser Art als Ausdruck der für die menschliche Existenz konstitutiven Vertikalspannung. Ein erster Zugang zum Phänomen der unwillkürlichen Vertikalität ergibt sich aus der von mir zugrunde gelegten technischen Definition des Übens: Bei jedem übenden Verhalten wird eine Handlung so ausgeführt, daß ihre jetzige Ausführung ihre späteren Ausführungen mitkonditioniert. Man könnte daher sagen: Alles Leben ist Artistik, obschon nur der geringste Teil unserer vitalen Äußerungen als das wahrgenommen wird, was sie seit jeher sind – Resultate von Übung und Elemente eines *modus vivendi*, der sich auf dem Hochseil der Unwahrscheinlichkeit abspielt.

In *Du mußt dein Leben ändern* habe ich meine Aufmerksamkeit zunächst den antiken Übungssystemen zugewendet, die mit dem Auftauchen von radikalen Ethiken in der von Karl Jaspers so genannten Achsenzeit in Zusammenhang stehen – sprich dem zivilisatorischen Einschnitt durch die imperialen (wie auch imperium-kritischen) Weltbildschöpfungen des ersten Jahrtausends vor Christi Geburt. In meiner Sicht handelt es sich bei den Übungskulturen der Antike vor allem um Systeme der ethischen Selbstverwandlung. Sie dienten der Angleichung des Menschen an eine kosmische Verfassung oder einen göttlichen Kanon. Nicht selten schrieben sie exzessive physische und mentale Askesen vor. Man hat diese Systeme in der europäischen Neuzeit gern unter der irreführenden Rubrik »Religionen« zusammengefaßt, ohne zu bedenken, daß »Religion« ein an diese Phänomene herangetragener römisch-christlicher Terminus ist (in der Aufklärung zu einer kulturanthropologischen Kategorie neutralisiert), der den indischen, chinesischen, iranischen, jüdischen und alteuropäisch-philosophischen Lebensführungssystemen kaum gerecht zu werden vermag.[4] Im folgenden soll uns die Abgrenzung der ethischen Übungskomplexe von den »religiösen« Praktiken der Unterwerfung unter höhere Mächte und von den

4 Gründe, den Begriff »Religion« insgesamt abzulehnen, stelle ich dar in: Du mußt dein Leben ändern, a. a. O., S. 133-170. Aus anderen Motiven gelangt Wilfred Cantwell Smith, ein Altmeister der »Religions«wissenschaften im 20. Jahrhundert, zu analogen Folgerungen in seinem klassischen Werk The Meaning and End of Religion, (zuerst 1962), Minneapolis 1991.

kultischen Formen kollektiver Illusionspflege nicht weiter beschäftigen. Es geht für den Augenblick allein um die Frage, ob die an den alten Ethiken ablesbaren Einsichten in die Strukturen des implizit und explizit übenden Lebens sich auf den Bereich des theoretischen Verhaltens ausdehnen lassen. Wäre ich von der Möglichkeit einer bejahenden Antwort nicht überzeugt, müßte ich meinen Versuch hier abbrechen.

Eine analoge Ausdehnung der Übungszone – ich sage dies in Parenthese – kommt in dem genannten Buch zur Sprache, wenn ich den Vorschlag mache, die Disziplin der Kunstgeschichte als Geschichte der künstlerischen oder virtuosen Askesen zu reformulieren. So wie die Wissenschaftsgeschichte in der Regel voraussetzt, daß die Wissenschaftler bereits existieren, die ihre Disziplinen betreiben, macht die Kunstgeschichte seit jeher die Annahme, daß die Künstler die natürlichen Träger des Betriebs sind, aus dem die Kunstwerke hervorgehen – und daß es diese Akteure ihrerseits immer schon gibt. Wie wäre es, wenn wir in beiden Fällen die begriffliche Bühne um neunzig Grad drehen? Wenn wir die Künstler bei ihrem Bemühen, erst einmal Künstler zu werden, beobachten? Wir sehen dann alle Phänomene auf diesem Feld quasi von der Seite und erhalten neben der bekannten Kunstgeschichte als Geschichte der vollendeten Werke eine Geschichte der kunstermöglichenden Ausbildungen und der künstlerformenden Askesen. Ebenso könnten wir nach einem analogen Manöver neben der üblichen Wissenschaftsgeschichte als Problem-, Diskurs- und Ergebnisgeschichte die Herausbildung der wissenschaftermöglichenden Übungen verfolgen – und damit eine Geschichte der Selbstüberwindungen erzählen, dank deren die bisherigen Benutzer von vortheoretischen »Normalsprachen« in die Eidgenossenschaft des theoretischen Denkens eintreten. Verfremdungen dieses Typs bezeichnen die Aufgabe der historischen Asketologie.

Zu welchen Änderungen der Sehweise das führen kann, habe ich in einem Kommentar zu dem Buch *Bild und Kult* (zuerst 1990, 6. Auflage 2004) meines Karlsruher Kollegen Hans Belting angedeutet.[5] Diese großartige Geschichte des Bildes »vor der Kunst« ist, wie mir scheint, am sinnvollsten als eine Geschichte der bilderzeugenden Askesen zu lesen. Läßt man die Tradition der europäischen Bildkultur mit der Ikonenmalerei des hellenisierten christlichen Kults beginnen, wie Belting es plausibel vorgeschlagen hat, stößt man von Anfang an auf eine Bilder schaffende Übungsform, bei der Kunst und Askese eine vollendete Einheit darstellen. Der Ikonenmaler führt, grenzenlos repetitiv, ein Leben lang nur einen Grundbestand von sehr wenigen Motiven aus, in dem Glauben, er selber sei nichts anderes als das Instrument eines übernatürlichen Bild-Lichts, das sich durch seine Hand in das Werk ergießt – stets orientiert an der Annahme, das authentische Urbild könne sich auch ohne Vermittlung durch eine Menschenhand in die Erscheinungswelt projizieren, was es aber nur äußerst selten tut. Eine solche direkte Ausgießung wäre ein göttliches Dia, das ohne Umweg über den Maler vom Himmel

5 Du mußt dein Leben ändern, a. a. O., S. 571 f.

herabstiege. Was die von Menschenhand gemalten Bilder angeht, so taugen sie nur etwas in dem Maß, wie sie sich selbstlos den ungemalten Urbildern angleichen. Christus war ein solches Dia, dreidimensional und leidensfähig; seine Erscheinung auf dem Veronika-Tuch war es ebenso, in zweidimensionaler Projektion und leidlos. Ausgehend von der piktoralen Übung an der »religiösen« Ikone, kann man die Geschichte europäischer Künste als eine enorme Anreicherung der Könnensübungen, der formalen Virtuositäten und technischen Askesen beschreiben, die in den bekannten Höchstformen gipfeln. Dieser Prozeß inszeniert die stetige Expansion der Kunstmittel ebenso wie die Inflation der Vorstellungen über die Bedeutsamkeit des Künstlers. Die Selbstbezüglichkeit des Virtuosentums nimmt darin chronisch zu, bis es am Beginn der Moderne zu dem Einschnitt kommt, der den Verfall des Übungsbewußtseins in den bildenden Künsten auslöst.

1 Theoretische Askese, modern und antik

Von den Komplikationen des übenden Lebens in den Künsten der Neuzeit wie in den athletischen und religiösen Askesen der Antike und des Mittelalters wird heute abend also nicht die Rede sein. Unser Thema lautet: Wissenschaft als Übung – alternativ: Wissenschaft als Anthropotechnik, wobei der letztere Begriff hier nur insofern ins Spiel kommt, als er Menschenformung durch übende Selbsteinwirkung bedeutet – unter Absehung von den Spekulationen über mögliche eugenische und genetische Manipulationen, wie sie von Platon bis Trotzki mit wechselnden Graden der Ernsthaftigkeit erörtert wurden.[6] Schon die Formulierung dieses Untertitels drückt die Vorstellung aus, das Betreiben eines der Theorie gewidmeten Berufs müsse in bestimmter Weise als eine Askese verstanden werden und darüber hinaus als ein Verfahren, mit dessen Hilfe sich die Agenten der Wissenschaft als solche in Form bringen. Wissenschaft meint somit nicht nur die Summe ihrer Resultate, sie ist ebenso der Inbegriff der mentalen oder logischen Prozeduren, die ihren Zöglingen helfen, den Übergang vom alltäglichen ins theoretische Verhalten zu vollziehen. Im übrigen werde ich im folgenden die Differenzen zwischen Wissenschaft und Philosophie minimieren und die beiden

6 Der Ausdruck »Anthropotechnik« erscheint erstmals als Eintrag in der Großen Sowjetischen Enzyklopädie von 1926; ich bin Prof. Michael Hagemeister für den Hinweis auf diesen Artikel zu Dank verpflichtet.

Sprößlinge der alteuropäischen Rationalitätskultur neben-
einander als Ausprägungen des *bios theoretikós* behandeln,
ohne auf ihre Eigenarten und zunehmende reziproke Entfremdung einzugehen.

Die Geschichte der Verfahren, durch die der profane
Mensch, anfangs stets unvermeidlich ein Anbeter der Idole
seines Stammes, zum theorietreibenden Menschen umge-
formt wird, ist meines Wissens nie geschrieben worden – sie
existiert allenfalls zwischen den Zeilen der kuranten Ideengeschichten. Der Sache nach ist sie präsent, wo man von
den Bedingungen spricht, unter denen die Einverleibung
von Wissenschaftsverfahren geschieht – also zumeist in den
pädagogischen und anthropologischen Nebenbemerkun-
gen zu den Methodenlehren. Die enge Beziehung zwischen
Übung und Methode manifestiert sich in der langen Reihe
von Propädeutiken, die sich von den Anfängerkursen unserer Tage bis zu den griechischen und vorgriechischen Hin-
führungen zu den Anfangsgründen der Theorie erstrecken.
Wir neigen freilich dazu, an Phänomenen dieser Art acht-
los vorüberzugehen, solange wir den Phantomen einer an
»Grundproblemen« oder »Resultaten« orientierten Ideengeschichte Kredit geben. Wir verkennen ihre Bedeutsamkeit,
solange wir unberücksichtigt lassen, daß sämtliche »Ideen«,
Theoreme und Diskurse sich wie Schriften auf der Was-
seroberfläche verlören, wären sie nicht in die Kontinua des
repetierenden Lebens eingebettet, die unter anderem auch
die epistemischen Prägungen und die diskursiven Routinen garantieren. Zu diesen sind, vor aller Wissenschaft,
sie jedoch intim bedingend, an erster Stelle die Lese- und

Schreibübungen theorietreibender Menschen zu rechnen, derentwegen Hochkultur und Schriftkultur fast synonyme Ausdrücke sind.

Um eine Vorstellung von der Weite des historischen Zeitraums zu geben, in dem die fraglichen Phänomene sich in unserem Kulturzusammenhang beobachten lassen, möchte ich hier zwei Zeugnisse vorstellen – ein relativ junges, vom Beginn des 20. Jahrhunderts, das für die bis gestern aktuelle Spitze der Entwicklung zeugt, und ein altehrwürdiges, das uns in den Augenblick zurückversetzt, als Platon mit der Gründung der athenischen Akademie die Stiftung der Philosophie und der philosophischen Wissenschaften vollzog.

Ich erlaube mir, unsere heutige Exkursion mit einem wenig bekannten Dokument zu beginnen, das mir die Möglichkeit gibt, unser Problem in nahezu kristalliner Gestalt zu präsentieren. Ich zitiere einige Passagen aus einem Brief, den Edmund Husserl, seit 1906 ordentlicher öffentlicher Professor für Philosophie an der Universität Göttingen und Schlüsselfigur der sich seit 1900 manifestierenden phänomenologischen Bewegung, unter dem Datum des 12. Januar 1907 an den in Rodaun bei Wien lebenden Dichter Hugo von Hofmannsthal zu schreiben begann. Er verfaßte diese philosophische Epistel, wie Sie gleich hören werden, in der Hoffnung, den fünfzehn Jahre jüngeren Autor als imaginären Alliierten in sein theoretisches Projekt zu integrieren – oder, vorsichtiger ausgedrückt, um ihn damit von ferne zu assoziieren, nicht im Modus der konkreten Mitarbeit, versteht sich, sondern zur Bezeugung einer ätherischen Komplizenschaft zwischen Zeitgenossen, die durch die nicht alltägliche Passion zugunsten einer strikt kontemplativen Weltauffassung verbunden wären. Indem er sich an von Hofmannsthal wandte, ergriff Husserl eine ihm verlockend erscheinende Gelegenheit, mit dem umjubelten Dichter der späthabsburgischen Moderne eine Front der Geister zu bilden, die, umgeben von siegreichen Kohorten aus Pragmatisten und Naturalisten, ein »rein schauendes« Verhältnis zu den Lebenserscheinungen auf ihre Fahnen schrieben. Dem Brief des Philosophen war einen Monat zuvor eine persönliche Begegnung mit dem Adressaten vorangegangen. Hofmannsthal hatte auf einer Lesereise durch Deutschland, die ihn auch nach Göttingen führte, seinen Vortrag *Der Dichter und diese Zeit* gehalten und Husserl einen Besuch abgestattet. Der damals 32jährige trug vor dem Göttinger Publikum eine Art schöpferischer Konfession vor, in welcher er das Selbst des Dichters als einen universalen Zeugen, ja, als ein lebendiges Archiv des Seins und als den Brennpunkt der Weltkollekte stilisierte.

»Er ist da, und es ist niemands Sache, sich um seine Anwesenheit zu bekümmern. Er ist da und wechselt lautlos seine Stelle und ist nichts als Auge und Ohr ... Er ist der Zuseher, nein, der versteckte Genosse, der lautlose Bruder aller Dinge ... er leidet an allen Dingen, und indem er an ihnen leidet, genießt er sie ... Denn ihm sind Menschen und Dinge und Gedanken und Träume völlig eins ... er kann nichts auslassen ... Es ist, als hätten seine Augen keine Lider ... In ihm muß und will alles zusam-

menkommen. Er ist es, der in sich die Elemente der Zeit verknüpft. In ihm oder nirgends ist Gegenwart.«[7]
Es sind solche Sätze über das Dasein des poetischen Beobachters, die, evokativ genug, noch einen Monat später im Gedächtnis des Philosophen einen von Einverständnis zeugenden Widerhall wecken. Daran läßt der Brief Husserls nach Ton und Inhalt keinen Zweifel. Er fühlte sich ermutigt, die scheinbar selbstlos sammelnde Passivität des Dichters mit der überpersönlich schauend-klärenden Aktivität der eigenen Philosophie auf eine gemeinsame Linie zu stellen. Schon seit längerem hatte er sich von der Möglichkeit überzeugt, das kontemplative Verhalten werde sich aus der sonntäglichen, zweitrangigen, müßiggängerischen Position befreien lassen, in die es durch den Siegeszug der Psychologismen, Soziologismen und Naturalismen geraten war. Was Husserl in den folgenden Jahren unter dem Feldzeichen der »phänomenologischen Methode« entwickelt, ist eine Summe von Argumenten zugunsten der These, die Zeit sei reif für eine Philosophie, die sich zur strengen Wissenschaft erhebt – man könnte sogar sagen: für eine Verteidigung der exakten Kontemplation, die dank ihrer methodischen Modernisierung zum Gegenangriff übergeht. Was Husserl vorschwebte, war nicht weniger als die Verwandlung der Intuition in Präzisionsarbeit und die Aufhebung des Unterschieds zwischen den Werktagen und den Feiertagen der Vernunft. Ich zitiere eine längere Passage aus die-

7 Hugo von Hofmannsthal, Der Dichter und diese Zeit, in: ders., Gesammelte Werke in Einzelausgaben, Prosa II, Frankfurt am Main 1959, S. 244 f.

sem bewegenden Dokument eines professoralen Kommunikationsversuchs:

»Hochgeehrter Herr von Hofmannsthal!

Sie haben mir erzählt, wie schwer Ihnen das Leben durch eine ständig anschwellende Flut von Korrespondenzen gemacht wird. Aber nun Sie mich durch eine köstliche Gabe hocherfreut haben, muß ich Ihnen doch danken. Sie haben also die Folgen der bösen That zu tragen und auch diesen Brief über sich ergehen zu lassen. Daß ich übrigens nicht sofort *dankte, bitte ich gütigst zu entschuldigen.* Lang gesuchte Gedankensynthesen boten sich mir plötzlich, wie vom Himmel gefallen, dar. Ich hatte zu thun, sie schnell zu fixieren. Ihre ›kleinen Dramen‹,[8] die immerfort neben mir lagen, wirkten als große Anregungen, obwohl ich nur wenig zusammenhängend lesen durfte.

Die ›inneren Zuständlichkeiten‹, die Ihre Kunst als eine rein ästhetische schildert, oder nicht eigentlich schildert, sondern in die ideale Sphäre rein ästhetischer Schönheit erhebt, haben in dieser ästhetischen Objectivierung für mich ein ganz besonderes Interesse: d. i. nicht bloß für den Kunstfreund in mir, sondern auch für den Philosophen und ›Phänomenologen‹. Langjährige Mühen um den klaren Sinn der philosophischen Grundprobleme und dann um die Methode ihrer Lösung brachten mir als bleibenden Gewinn die ›phänomenologische‹ Methode. Sie fordert eine von der natürlichen wesentlich ab-

8 Leipzig 1906.

weichende Stellungnahme zu aller Objectivität, die nahe verwandt ist derjenigen Stellung u. Haltung, in die uns Ihre Kunst als eine *rein* ästhetische hinsichtlich der dargestellten Objecte und der ganzen Kunstwelt versetzt. Die Anschauung eines *rein* ästhetischen Kunstwerks vollzieht sich in strenger Ausschaltung jeder existentialen Stellungnahme des Intellects und jeder Stellungnahme des Gefühls u. Willens, die solch eine existentiale Stellungnahme voraussetzt. Oder besser: das Kunstwerk versetzt uns (erzwingt es gleichsam) in den Zustand rein ästhetischer, jene Stellungnahmen ausschließenden Anschauung. Je mehr von der existentialen Welt anklingt oder lebendig herangezogen wird, je mehr an existentialer Stellungnahme das Kunstwerk von sich aus anfordert (etwa gar als naturalistischer Sinnenschein: Naturwahrheit der Photographie), um so weniger ist das Werk ästhetisch rein. (Auch jederlei ›Tendenz‹ gehört hierher.) Die natürliche Geisteshaltung, die des actuellen Lebens, ist durchaus ›existential‹. Die Dinge, die da sinnlich vor uns stehen, die Dinge, von denen die actuelle und wissenschaftliche Rede spricht, *setzen* wir als Wirklichkeiten, und auf diese Existenzsetzungen gründen sich Gemüts- u. Willensacte: Freude – daß das *ist,* Trauer, daß jenes *nicht ist,* Wunsch, daß es *sein* möge usw. (= Existentiale Stellungnahme des Gemüts): der Gegenpol zur Geisteshaltung der rein ästhetischen Anschauung und der ihr entsprechenden Gefühlslage. Aber auch nicht minder zur rein phänomenologischen Geisteshaltung, in der allein die philosophischen Probleme gelöst werden können, denn auch die phänomenologische Methode fordert strenge Ausschaltung aller existentialen Stellungnahmen ...

... Damit wird alle Wissenschaft und alle Wirklichkeit (auch die des eigenen Ich) zum bloßen ›Phänomen‹. Nun bleibt nur das Eine übrig: in *reinem* Schauen (in rein schauender Analyse und Abstraction) ... nie und nirgend die *bloßen Phänomene* überschreitend ... den Sinn, der ihnen immanent ist, klarzustellen ...«

»(Dem Künstler) wird die Welt, indem er sie betrachtet, zum Phänomen, ihre Existenz ist ihm gleichgiltig, genau wie dem Philosophen (in der Vernunftkritik) ...«[9]

Ich werde mich damit begnügen, einige Wendungen in diesem so signifikanten wie bizarren Schriftstück hervorzuheben, das, selbst im Abstand von mehr als einhundert Jahren gelesen, durch die gewundene Naivität des Bündnisangebots noch immer tragikomisch wirkt – Hans Blumenberg war trotz seiner Bewunderung für den Philosophen boshaft genug, *en passant* zu bemerken, bei Husserl lägen Radikalität und Ridikülität oft nahe beieinander.[10] In den sachlichen Teilen des Briefs springt zunächst der durch und durch platonische Gedanke ins Auge, wonach Leben und Reflektieren in streng getrennte Lager fallen. Die beiden Größen verhalten sich zueinander wie Verstrickung und Enthaltsamkeit oder wie Besudelung und Reinigung.

9 Edmund Husserl, Arbeit an den Phänomenen. Ausgewählte Schriften, herausgegeben und mit einem Nachwort versehen von Bernhard Waldenfels, Frankfurt am Main 1993, S. 118-120.
10 Hans Blumenberg, Ein mögliches Selbstverständnis. Aus dem Nachlaß, Stuttgart 1997, S. 85.

Nicht umsonst bildet das Wort »rein« die Pathosvokabel im Wortschatz Husserls – sie taucht allein in den hier zitierten Auszügen zehnmal auf, sei es adjektivisch wie in der Wendung »ästhetisch rein« oder adverbial wie in »rein ästhetisch« oder »rein phänomenologisch«. Mit dem Streben nach Reinheit ist die Bemühung um ein durchaus »schauendes« Verhältnis zu den Gegebenheiten des Bewußtseins verbunden. Husserls gesamte Lebensanstrengung gilt der Wiederherstellung eines kontemplativen *modus vivendi*, der in einem entsprechenden *modus cogitandi* fundiert sein soll. Pathetisch gerät noch das Resümee des 70jährigen aus dem Jahr 1929: Er habe philosophieren müssen, sonst hätte er in dieser Welt nicht leben können.

Da aber alles wirkliche Leben in »natürlicher Einstellung« nach Husserls Auffassung immer schon »Stellungnehmen« bedeutet und somit Eingemischtsein in Lebensprobleme und Fesselung an die Galeeren der Alltäglichkeit impliziert, hängt die Entscheidung über die Möglichkeit von schauendem, sogar »rein schauendem« Verhalten ganz allein an dem Nachweis, daß es gelingt, dem Fluch des Stellungnehmen-Müssens zu entgehen. Theorie sollte also, um rein zu sein, die Fixierung ihres Trägers an die reale Existenz wenn schon nicht völlig auflösen, so doch temporär suspendieren können. Husserl fügt dem Wort »Stellungnahme« typischerweise das Beiwort »existential« an, das wenig später bei Heidegger unter einer diametral entgegengesetzten Perspektive ins Zentrum eines nicht mehr kontemplativen Denkens rücken wird. Diese neue »existentiale« Philosophie wird nicht nur den Vorrang der »Sorge« hervorkehren, sie wird sich auch entschlossen zeigen, sich von den Imperativen der geschichtlichen Stunde mitreißen zu lassen – als ob aus der existentialen »Geworfenheit« die Mitgerissenheit durch das große »Ereignis« folgen müsse. Eben dort aber, wo der revolutionäre Sturm-und-Drang-Autor Heidegger die »Existentialien« auf den Schild hebt, um mit dem Sturm zu stürmen, geht Husserls ganze Sorge noch einmal – man möchte sagen: zum letzten Mal – auf die Neutralisierung der »existentialen Stellungnahmen«. Was ihm vorschwebt, ist die Sicherung einer windstillen Zone, in der das Denken, frei von den Zumutungen des Existierens, sich seiner unkündbaren Arbeit an den Phänomenen erfreut.

Mit diesen Hinweisen haben wir einen ersten Zugang zu der Problematik gewonnen, die unsere Untersuchung leitet. Wenn es je eine glückliche Gelegenheit gegeben hat, das Treiben von Theorie, sei es als Philosophie, sei es als Wissenschaft, unter dem Aspekt seines Übungscharakters zu beobachten, so bietet sie sich hier im Blick auf Husserls Anstrengung, einen Bereich theoretischer Reinheit und reiner Theorie zu gewinnen. Dieser Kampf besaß, wie angedeutet, die Züge eines allumfassenden Reinigungsversuchs. Er sollte die urschmutzige Tendenz des Lebens, die Neigung zum Mitmachen und zum Stellungnehmen hinsichtlich von allem, was es selbst betrifft, zum Stehen bringen. Husserl nennt dieses Anhalten an der weißen Linie der Theorie »Einklammerung« oder »Ausschaltung« der »natürlichen Einstellung«. Man könnte seine Bemühung als einen Kampf um die Möglichkeit von Kampflosigkeit beschreiben. Er wird geführt, um zu einer para-existentialen oder außer-existentialen Neutralität zu gelangen. Dank dieser soll das Bewußtsein sich aus seinen »eigenen« Angelegenheiten zurückziehen und den zunächst unwahrscheinlichen Habitus des desinteressierten Umgehens mit den »Sachen selbst« erwerben.

Wenn also Wissenschaft – oder, um vorsichtiger zu sprechen, die theoretische »Haltung« als solche, aus der eine spezifische Wissenschaft entstehen kann – eine Sache des Übens sein soll, dann müßte die kardinale Übung (lateinisch: *cardo*, die Türangel) in einer Rückzugsübung bestehen. Sie wäre eine Einübung ins Nicht-Stellung-Nehmen, eine De-Existentialisierungsübung, eine Bemühung um die Kunst, mitten im Leben die Teilnahme am Leben zu suspendieren. Nur durch dieses enge Tor könnte das Denken in eine Sphäre reiner Betrachtung eintreten, in der die Dinge des Lebens aufhören, uns direkt zu berühren. Wo stellungnehmendes Ich war, soll schauendes Ich werden.

Für dieses merkwürdige Zuschauer-Ich gilt: Es geht nicht ins Theater, um geläutert aus ihm herauszukommen, es geht, man weiß nicht wie im voraus geläutert ins Theater, um auf alles, was ihm dort vor Augen kommt, etwas von seiner Reinheit zu übertragen. Ließe sich eine solche Art des Zuschauens durch geduldige Übung erreichen, erschiene das eigene Dasein als illustrierte Graphik in einem ·Fachbuch über mögliche Lebensformen. Tatsächlich soll das »reine« Denken nichts anderes sein als die Untersuchung solcher Illustrationen, wie man sie vorfindet, wenn man eine aufgeschlagene Seite im Buch des Bewußtseins betrachtet – und dabei so tut, als habe man vergessen, daß das einzige Bewußtsein, zu dem man direkt Zugang hat, das eigene ist. Nun aber soll diese Eigenheit nicht länger ins Gewicht fallen – auch die Existenz, die die meine ist, wäre als bloßer Einzelfall eines allgemeinen Wesenszusammenhangs aufzufassen. Mein Leben bildet nur noch eine zufällige Informationsquelle – einen Punkt auf einer Kurve, an der mich allein die Funktionsgleichung zu interessieren hätte.

Man muß sich davor hüten, diese Bemühung um Reinigung als einen Anachronismus aufzufassen. Ihre Modernität erhellt aus dem Umstand, daß sie quasi als die logische Schwester der Photographie die Bühne betrat – auch wenn Husserl in seinem Brief die Photographie herablassend als Komplizin des vulgären Naturalismus glossiert. In Wahrheit ist er selbst »Photograph« in einem anderen Medium. Die Phänomenologie ist das philosophische Pendant des »Zeichnens mit Licht« auf sensiblem Material, durch das im späten 19. Jahrhundert die Produktion von Bildern ins technische Zeitalter überging. Sie überträgt die erste moderne Medienkunst in die mentale Sphäre, indem sie ein Verfahren übt, erlebte Anblicke in der Umwelt und beliebige sichtbare und fühlbare Lebensinhalte in stehende und kontextenthobene innere Bilder umzuwandeln. Mit der Zeit eignet sie sich auch die bewegten Bilder an – was naheliegend genug ist, denn wer seine Aufmerksamkeit auf die inneren Vorstellungswelten lenkt, nimmt alsbald auch das permanente Filmschaffen des Bewußtseins wahr und wird zu dem Schluß kommen, dieses verdiene eine spezielle Filmanalyse – sie präsentiert sich als Theorie des inneren Zeitbewußtseins.

Die Bilder, von denen hier die Rede ist, werden mit einer noetischen Kamera aufgenommen. Sind die Filme belichtet und aus dem Fixierbad der inneren Anschauung herausgehoben, erhalten die Aufnahmen einen philosophischen Status, der zugleich archivarisch oder museal bedeutsam ist: In der Übung aller Übungen geht es darum, die aus der Existenz gegriffenen Bilder als *Phänomene* zu entwickeln. Diese werden in der phänomenologischen Sammlung archiviert – es sollte uns daher nicht wundern, daß die philosophisch interessantesten Archiv-Theorien der letzten Jahrzehnte, sei es die von Jacques Derrida oder die von Boris Groys, mehr oder weniger eindeutig phänomenologisch inspiriert sind. Das Archiv ist die Sammlung, deren Inhalt ausschließlich aus solchen von der Last der Lebensgebundenheit befreiten Objekten besteht. Und da man mit der Zeit immer mehr »Dinge« befreien, dekontextuieren und entlebendigen kann, ist das Archiv unaufhörlich im Wachsen begriffen. Was hierbei an Umfang gewinnt, ist die Zone der von der Zumutung des Wirklichseins befreiten »Dinge«. Wie Hegel das Schema des klassischen Museums gedacht hat,[11] so Husserl das des Museums der Moderne.

Bedeutet Leben immer schon mitmachen, so heißt phänomenologisch denken: das Nicht-Mitmachen üben – *nota bene* nicht das Nicht-Mitmachen bei den äußeren Betriebsamkeiten, für welche die chronisch überarbeiteten Professoren ohnehin keine Zeit hätten, sondern beim eigenen

11 Vgl. Beat Wyss, Trauer der Vollendung. Die Geburt der Kulturkritik, 3. durchgesehene Auflage, Ostfildern 1997.

stellungnehmenden Leben – kurzum: das Nicht-Mitmachen mit sich selbst. Die vorzeigbaren Resultate hiervon,
die Stilleben der Bewußtseinsgegebenheiten, werden in der
permanenten Sammlung aufbewahrt. Der beste Phänome-
nologe wäre der rigoroseste Archivar. Er wäre der Denker,
der am meisten daraus gelernt hat, daß er beim Existieren
nie so richtig dabei war. Er würde vormachen, wie man sich
anstellen muß, um sich selbst in die permanente Sammlung
zu versetzen.

Für die Geste des Abstandnehmens vom Leben, sofern
es der direkten Zugehörigkeit zum Welttheater unterliegt,
hat Husserl wenige Jahre später – in dem vielbeachteten
§ 32 der *Ideen zu einer reinen Phänomenologie* von 1913,
schulintern schlicht als *Ideen 1* zitiert – den Kunstausdruck
epoché eingeführt. Dieser Begriff verdient unser Interesse
aus mehreren Gründen. Zum einen ist er für das aktuelle
Thema relevant, weil er eine unverkennbare übungstechni-
sche Präzisierung für die Grundoperation, die Theorie im
genannten Sinn ermöglicht, liefert: Er steht für den »Schritt
zurück« von allen Formen des existentialen Eingemischt-
seins. Er bezeichnet die resolute Distanzierung von den
Vorstellungen, die direkt aus der Existenz aufsteigen, er
fordert die Einklammerung der existentialen Stellungnahmen, er gestattet die Phänomenalisierung der Dinge, die
»idealisierende« Verwesentlichung der Bewußtseinsinhalte
und sorgt somit für die Bereitstellung der Voraussetzungen
für die geduldige Beschreibung der Art und Weise, wie die
»Phänomene« in der noetischen Sphäre anwesend sind.

Zum anderen ist der Ausdruck *epoché* aufgrund seiner

Herkunft reizvoll, da er von Husserl dem Wortschatz der griechischen Skeptiker entliehen wurde. Bekanntlich bezeichneten diese so die von ihnen empfohlene Haltung der Urteilsabstinenz, genauer: die Kunst des Schwebens zwischen den Doktrinen der etablierten Schulen, um von den Fiktionen der Händler auf dem Markt und den Fabulationen der Seeleute in den Spelunken nicht zu reden. Es mag nützlich sein, daran zu erinnern, daß die antike Skepsis in mancher Hinsicht eine Vorstufe der modernen Coolnesskultur bot. Sie offerierte den Intellektuellen und Halbgebildeten der griechischen und römischen Städte eine leicht nachahmbare Haltung liberaler Ironie gegenüber den Anbietern von ernsten philosophischen Systemen, wie sie von den Platonikern, den Peripatetikern, der Stoikern, den Epikureern vorgetragen wurden. Die *epoché* entspricht hier der Einstellung des Kunden, der über den Markt spaziert, ohne zu kaufen.

In der beginnenden Neuzeit kehrte die Skepsis in doppelter Ausprägung wieder: einmal selbständig, als Schule des Essays, in dem Ergebnisoffenheit als intellektuelle Tugend gepflegt wird, ein andermal in angestellter Funktion: als intime Kontrahentin des Strebens nach letztbegründetem Wissen – eine Rolle, in welcher sie den systembauenden Geistern als Trainingspartner bei ihren Projekten des kognitiven Absolutismus dienen sollte. Die Systematiker wußten seit jeher: Wer mit der Skepsis nicht fertig wird, wird mit nichts fertig, doch wer nicht auch das obligate Pensum des Zweifels ableistet (*de omnibus est dubitandum*), wird nie das Richtfest seines Systems feiern.

Husserl gehört zur Gruppe der quasi homöopathischen Denker in der Neuzeit – allen voran stehen Descartes und Hegel –, die den Zweifel, den methodischen wie den existentiellen, ins Innerste ihrer Prozeduren aufnahmen, um nach der Überwindung des Äußersten an Ungewißheit ein Höchstmaß an Gewißheit zu erzeugen. So bereitet das Leiden an der Unentscheidbarkeit wesentlicher Alternativen die völlige Entschiedenheit, oder doch wenigstens deren Anschein, vor. Über die antiken Skeptiker ging Husserl hinaus, weil er nicht bloß zwischen den Lehrmeinungen der philosophischen Hauptströmungen schweben wollte – das war der Grund seines Abrückens von Dilthey, dem Begründer der neo-skeptischen »Weltanschauungsphilosophie«. Er wollte aber auch den primitiven Absolutisten Descartes übertreffen, da er sich nicht mit der Gleichgewißheit der Sätze »ich denke«, »ich bin«, »Sein (ich) ist«, und »Gott ist« begnügte. Er hatte beschlossen, selbst die vitalen Evidenzen, die ihm sein eigenes Ich-bin-Gefühl lieferte, die »dogmatischen« Einflüsterungen des persönlichen Existierens, den gesamten Komplex der ich-verhafteten Neigungen und Interessen außer Kraft zu setzen, um sich ganz in die innere Zitadelle zurückzuziehen – oder, um weniger stoisch und eher zeitgenössisch und technisch zu reden: ins innere Labor, in dem mentale Photographien präzis faßbare eidetische Präsenzen liefern.

Der Ausdruck *epoché* ist schließlich auch deswegen aufschlußreich, weil er anzeigt, wie die Zeitlichkeit des Denkens beziehungsweise die Zeitpunktgebundenheit des Urteils in die philosophische Besinnung eindringt. Bekanntlich ist Zeitsensibilität, zusammen mit Reflexivität, das Hauptmerkmal der kognitiven Modernität. Daher fragen wir immer, in welcher Reihenfolge Dinge gedacht wurden – und wie sie jetzt, an der aktuellen Spitze der Reihe, artikuliert werden. Seit wir davon überzeugt sind, daß Überzeugung auf Überzeugung folgt (oder Paradigma auf Paradigma) und es vermutlich keine bleibende und letzte geben wird, verwenden wir das Präfix »post« immer häufiger und hastiger. Der Ausdruck »Epoche« wird heute daher zumeist im Sinn der Historie benutzt und nicht in seiner skeptischen oder phänomenologischen Definition. Er ist ein Begriff der Geschichtswissenschaften, wie sie sich seit dem 18. Jahrhundert etablierten. Damals gingen die Zeiten zu Ende, in denen die Formel des Lukrez gegolten hatte: *Eadem sunt omnia semper.*[12] Seit wir die Welt als eine geschichtlich bewegte verstehen, breitet sich der Terminus »Epoche« epidemisch aus, weil er für die Anschauung steht, in der »Evolution« sei eine Mehrzahl von »Weltzuständen« – Fichtes und Hegels Wendung – zu unterscheiden. Gegen die Plausibilität dieses Arguments sind die Modernen wehrlos. Wenn wir von Altertum, Mittelalter und Neuzeit sprechen oder die bürgerliche Welt von der feudalen absetzen oder die Zeit der Handschriften gegen die Zeit des Buchdrucks stellen, machen wir Gebrauch von populären Vorstellungen über weltsinnverändernde Umbrüche in den globalen und regionalen Zuständen oder Techniken. Die *epoché* im historischen Sinn meint also nichts anderes als einen abstand-

12 Titus Lucretius Carus, De rerum natura, Buch III, 945.

erzeugenden Einschnitt, der bewirkt, daß Späteres nicht mehr als die direkte Fortsetzung des Vorhergehenden begriffen werden kann. Zwischen den Zeitspannen, die »Epochen« heißen, liegen die Trenn-Ereignisse, die man je nach dem Kontext Brüche, Sprünge, Transformationen, Revolutionen oder Katastrophen nennt. Jeder, der den Anspruch erhebt, auf der Höhe der Zeit zu denken, muß sich nach dem letzten für ihn und seine kulturelle Kommune verbindlichen Einschnitt datieren. In diesem Sinn sind wir zur Aktualität verdammt. Wir denken in Revolutionen.

Für Husserls Sprachwelt besitzt der Ausdruck »Epoche« auch in dieser Verwendung eine nicht nebensächliche Bedeutung: Der Denker unterscheidet Zustände des Bewußtseinslebens, wie sie sich vor und nach der phänomenologischen Zäsur darstellen. Seine Methode will selbst Epoche machen, indem sie das Denken aus seinem naiven Zeitalter heraus- und ins reflektierte hinüberführt – hierin den geschichtsphilosophischen Ideen Fichtes verwandt. Ihr wohnt ein Element von philosophischem Putschismus inne, der die »natürliche Einstellung« entmachtet. Die Vulgärontologen, die mit Marx behaupten, das Sein bestimme das Bewußtsein, müssen demnach eines Besseren belehrt werden. Das Bewußtsein hält das Sein auf Distanz, indem es dessen ständiges Ansuchen um Wahrgenommenwerden hin und wieder berücksichtigt, ohne dem Antragsteller zu weit entgegenzukommen.

Ohne jede herabsetzende Tendenz möchte ich diesen Hinweisen die Bemerkung nachschicken, daß Husserl bei seiner wohlmeinenden und steifen Suche nach einem Bündnispartner auf seiten der Kunst sich wahrscheinlich in der Adresse getäuscht hatte. Hugo von Hofmannsthal hätte für den Denker nur dann ein Geistesverwandter oder gar ein Alliierter sein können, wenn er ein wirklicher Nachkömmling der platonisierenden, goethezeitlich-klassizistischen Ästhetik gewesen wäre, die Husserl in seinem Werk unterstellte, ohne sich durch Lektüre davon zu überzeugen. Fast könnte es scheinen, Philosophen seien Leute, die lieber apodiktisch vermuten als präzise lesen. In Wahrheit widerspiegeln Hofmannsthals ästhetische Projekte jener Zeit, einschließlich der *Kleinen Dramen*, die auf Husserls Schreibtisch lagen, längst die große Kunstkrise, in der sich die radikale Moderne ankündigt – sein als Fanal wirkender poetologischer Essay, *Ein Brief,* von Kennern als Chandos-Brief zitiert, war im Herbst 1902 erschienen. In ihm wurden Abgründe des Ausdruckszweifels, ja der Verzweiflung am Ganz-Sein und In-Ordnung-sein-Können der Welt artikuliert, die Husserl selbst in seinen tiefsten Depressionen nicht kennengelernt hatte. Auch die Formulierungen der Göttinger Rede über die Sammlung aller Dinge in der wehrlosen Aufmerksamkeit des Dichters weisen nur scheinbar eine Affinität zu den Ideen des Philosophen auf, der um die Mathematisierung der Kontemplation und die Eingrenzung eines Bezirks exakter Intuitionen ringt.

Gewiß, eine äußere Ähnlichkeit fällt ins Auge, solange beide Autoren paradox positiv von »Gleichgültigkeit« sprechen – Husserl: dem Künstler »wird die Welt ... zum Phänomen, ihre Existenz ist ihm gleichgiltig (genau wie dem Philosophen)« (siehe oben S. 31); von Hofmannsthal:

»Denn ihm sind Menschen und Dinge und Gedanken und Träume völlig eins« (siehe oben S. 27f.). Doch der Schein von Verwandtschaft trügt, in der Form wie in der Sache. Die methodische Indifferenz des Phänomenbeschreibers Husserl ist durch einen tiefen Graben geschieden von der impressiven Indifferenz des poetischen Weltstoffsammlers. Unter der Anregung Mallarmés hatte der Dichter erfaßt, daß ein Wort im Gedicht wenig zu tun hat mit demselben Wort, wenn es als »Träger eines Lebensinhalts« verwendet wird. Die ästhetische Reduktion folgt eigenen Gesetzen – auf ihrem Feld müssen sich Zeichen ausschließlich mit anderen Zeichen arrangieren, nicht mit den Dingen und den Lebenstatsachen. Niemals jedoch vollzieht Hugo von Hofmannsthal das, was Husserl die phänomenologische Reduktion nennt, er weiß nichts von der philosophischen *epoché*, seine Enthaltung des Urteils ist keineswegs methodisch motiviert, denn er klammert sein existentiales Bewußtsein nicht ein, im Gegenteil, er entgrenzt es bis zu einem Pan-Impressionismus mit luxuriösen und masochistischen Zügen. Was auf den ersten Blick wie eine Übung rein ästhetischen Schauens erscheint, ist eine Ausschweifung in Zustände hybrider Passivität. Die nächsten typologischen Verwandten dieses all-sammelnden und all-büßenden Vitalismus findet man nicht in der philosophischen Sphäre, sondern im Symbolismus der französischen Vormoderne – etwa in den Prosadichtungen Baudelaires. Hervorzuheben wäre hier vor allem das berühmte Stück *Les foules* aus der 1869 posthum edierten Sammlung *Spleen de Paris*, worin der Dichter sein bildersüchtiges dezentriertes

Sich-treiben-Lassen in den flutenden Massen der Groß-stadt als eine »heilige Prostitution der Seele« preist. Husserl wäre erschrocken zurückgewichen, hätte er einsehen müssen, daß sich unter dem vornehmen melancholischen Para-Idealismus seines Gastes kein platonisches *daimonion* verbarg, sondern die späthabsburgische Variante einer Mystik der Widerstandslosigkeit. Zwar wollte auch diese sich noch der ganzen Welt bemächtigen, doch nicht mehr durch imperiale Synthesen, vielmehr mit dunklen Intuitionen in das Verwobensein von allem mit allem. Die totale Prostitution der Aufmerksamkeit wollte das letzte Welt-theater entfalten.

Hugo von Hofmannsthal starb im Juli 1929 an einem Schlaganfall auf dem Weg zum Begräbnis seines Sohnes Franz, der sich mit einer Pistole getötet hatte. Er wurde im Habit eines Franziskanermönchs beerdigt. Ein Brief Husserls aus dem Jahr 1934 zeigt, daß der Philosoph zu dieser Zeit die Suche nach Bündnis, Anlehnung und Gemein-schaft aufgegeben hatte: »Ich habe« schreibt der 75jährige resigniert, »die volle philosophische Einsamkeit erreicht.« Er selber könne und dürfe nur existieren »in der tranquilli-tas animi«, »als reiner Functionär des Absoluten«.[13] Er war alt genug geworden, um miterleben zu müssen, wie sich ringsum die Rache des stellungnehmenden Lebens an der kontemplativen Theorie vollzog. Der 1938 Gestorbene wur-de noch Zeuge der beginnenden Höllenfahrt des europäi-

13 Brief an Rudolf Pannwitz vom 17. V. 1934, zitiert nach: Husserl. Aus-gewählt und vorgestellt von Uwe C. Steiner, München 1997, S. 87.

schen Geistes und konnte nicht verkennen, wie groß der deutsche Beitrag zu ihr geriet.

Schon von der Mitte der zwanziger Jahre an sah er die Züge vorbeifahren – voll von Freiwilligen des Seins, der Zeit und der Situationen –, die über Freiburg, Moskau und Paris zu einer politischen Endstation rollten. Wo auch immer die Züge zum Stehen kamen, ihnen entstiegen Reisende, die der kontemplativen Theorie abgeschworen hatten. Alle diese Bewegten bekannten sich zum Vorrang der Stellungnahme, der Sorge, des Interesses, der Parteilichkeit und des Kampfs. Sie gaben ihrer Konfession einen Namen, der dem Denken des 20. Jahrhunderts als glänzender Makel anhängt: Engagement. Auf dieses Merkmal zielte die scharfe Diagnose vom »Verrat der Geistigen«, die der französische Polemiker Julien Benda schon 1927 dem Denken der Moderne im ganzen stellte.

Auch Husserl meinte in seinen späteren Jahren, sich davon überzeugt zu haben, die europäische Vernunftkultur sei von Grund auf erkrankt. Bei seiner Beschreibung des pathologischen Objektivismus, dessen Vorherrschaft er vor allem beklagte, folgte er Intuitionen, die denen der frühen Kritischen Theorie entgegenkamen, obschon er deren soziologistischen Denkansatz selbst eher dem Übel als seiner Therapie zugerechnet hätte. Wie die Krankheit verläuft und wie sie aus seiner Sicht zu behandeln wäre, hat Husserl in seinen späten Meditationen über die Entfremdung zwischen Wissenschaft und »Lebenswelt« unter dem Titel *Die Krisis der europäischen Wissenschaften und die transzendentale Phänomenologie* dargelegt. Seine letzten Jahre verbrachte er, wenn man so sagen darf, mit einem bizarren Medizinstudium – er wollte nun, nach dem Scheitern seiner Anläufe zur Erhebung der Philosophie in den Rang einer strengen Wissenschaft, sich wenigstens als Arzt der Kultur nützlich machen. Er erbot sich, die beiden Hauptgebrechen der europäischen Rationalität zu lindern, die er den physikalistischen Objektivismus und den transzendentalen Subjektivismus nannte, wohl ahnend, wieviel er selbst zum letzteren freiwillig und unfreiwillig beigetragen hatte. Mag sein, daß er im Grunde nicht an zwei verschiedene Krankheiten glaubte, sondern nur an eine einzige, die sich durch die Aufspaltung der Vernunftkultur in die beiden verfehlten Tendenzen äußert. Das Leitwort seines Altersdenkens, »Lebenswelt«, verriet, was er nun eingesehen hatte: Das gesamte Unternehmen Theorie muß buchstäblich neu »geerdet« werden. Sie soll ihre schlechte Abstraktheit überwinden und in ihr konkretes Apriori, ihre Basierung in der wirklichen und gemeinsamen Welt, zurückkehren. Soviel hatte der Meister von seinem erschreckenden Schüler Heidegger gelernt. »Lebenswelt« – das war mit einemmal die Chiffre für die unausschöpfliche Fülle des Realen. Sie bildet einen von zuverlässiger Normalität gesättigten »Boden«, dem man treu bleiben durfte, ohne die Anliegen des Denkens preiszugeben. Nie hat eine Radikalität bescheidener geendet: Indem Husserl zuletzt an die lebensweltliche Fundierung – wir würden heute eher die situative »Einbettung« sagen – alles Denkens erinnerte, gab er zu Protokoll: Es existiert eine Welt, über der man nicht stehen soll. Die wirkliche Welt ist mehr als bloß ein Beispiel für mögliche

Welten. Sie »transzendieren« zu wollen liegt außerhalb dessen, was Menschen wünschen sollten, besonnenes Zugehören zu ihr würde genügen. Alle Vernunftkrankheiten sind Lebensweltverfehlungen.

Die allgemeine Vernunftpathologie, die auf der Linie des späten Husserl zu postulieren wäre, wurde bis heute nicht geschrieben. Sie würde wahrscheinlich drei Hauptteile enthalten müssen: eine Vernunftneurosenlehre in Form einer Phänomenologie der Ideologien, der Phantasmen, der Delirien (hiervon liegen einige halbwegs brauchbare Abschnitte vor, die nach zeitgemäßer Revision in die Endfassung übernommen werden könnten); eine Lehre von den erworbenen Fehlhaltungen des Geistes (wie sie unter anderem in den Arbeiten der Kieler neo-phänomenologischen Schule entwickelt wurde); und eine Kritik der engagierten Vernunft, einschließlich einer Pathologie des Radikalismus – die trotz zahlreicher Versuche zum »Fanatismus«, zum »Totalitarismus«, zum »Fundamentalismus« und dergleichen über das Stadium von Notizen noch nicht hinausgelangt zu sein scheint.

Ich möchte Sie nun zu einem weiten Sprung einladen, der uns von diesem ersten, noch nahezu modernen Beispiel für die Bemühung um die Einübung eines kontemplativen Theorie-Habitus zu einem in der griechischen Antike beheimateten Vorgang führen wird. Über den Philosophen Sokrates ist eine Gruppe von Anekdoten und Charakterschilderungen überliefert, deren gemeinsamer Bezugspunkt in einer überaus bedeutungsträchtigen Beobachtung

besteht: Sie deutet auf eine exzessive soziale Merkwürdigkeit des Denkens hin – falls man nicht besser von einer
asozialen Merkwürdigkeit sprechen sollte. Von Sokrates ist
bezeugt, daß er die Gewohnheit hatte, in seine Gedanken
zu »versinken« – als ob es sich beim Denken um eine Art
von Trance oder um einen obsessiven Tagtraum handelt.
Er verstand sich darauf, wie es bei Xenophon heißt, »seinen
Geist auf sich selbst zu richten«, indem er den Kontakt zu
seiner Umwelt abbrach und »taub gegen die nachdrück-
lichste Ansprache« wurde. Während eines Militärlagers,
zu dem er aufgrund seiner Dienstpflicht als Bürger Athens
eingezogen worden war, soll er einmal vierundzwanzig
Stunden bewegungslos an einer Stelle stehengeblieben
sein, wobei er sich der inneren Tätigkeit hingab, die von
der Mitwelt als lächerlich und doch erstaunlich, vielleicht
sogar numinos empfunden wurde. Auch Platon weiß zur
Legende von den Absencen seines Lehrers einiges beizutragen – so etwa, wenn er am Beginn des *Symposion* Sokrates
zu spät zum Essen kommen läßt, weil er im Torhof des
Nebenhauses stehengeblieben war und sich einer seiner
bekannten Denkepisoden widmete. Als er schließlich zu
der Freundesrunde im Haus Agathons stößt, lädt der junge
Dichter den Nachzügler ein, sich neben ihn zu legen, mit
der Bemerkung:

»damit ich durch deine Nähe auch mein Teil abbekom-
me von der Weisheit, die sich dir dort gestellt hat im
Vorhofe. Denn offenbar hast du es gefunden und hast es
nun, du hättest ja sonst nicht abgelassen«

– worauf Sokrates antwortete:

»Das wäre vortrefflich, Agathon, wenn es mit der Weisheit so wäre: daß sie wenn wir einander nahten aus dem volleren in den leereren überflösse, wie das Wasser in den Bechern durch ein Wollenstreif aus dem vollen in den leeren fließt.«[14]

In Szenen wie dieser erfahren wir Wesentliches über die »Natur« des Denkens. Denn wenn die antiken Zeugen auch nicht den geringsten Hinweis auf die Inhalte der sokratischen Versunkenheiten liefern, so respektieren sie alle an den »absenten« Zuständen des Weisen ein Merkmal, das von der Sache des Denkens nicht abgetrennt werden kann. Offenkundig bilden die Gedanken untereinander einen so dichten Zusammenhang, daß sie das Bewußtsein des Denkenden beschlagnahmen und seine Bindung an die Wahrnehmung der Umstände unterbrechen. Das scheint zu besagen: Im wirklichen Denken gehören die Gedanken enger zu ihren Mitgedanken als der Denker zu seiner Mitwelt. Wer diese Erfahrung *in actu* erlebt, wird aus der alltäglichen Beziehung auf die Umstände entwurzelt und ganz von »internen« Operationen absorbiert. Die Entdeckung dieses neuen Typs von Dichte kommt der Urstiftung des »Geistigen« als eines Raums von bisher unbekannten Notwendigkeiten und Kohärenzen gleich. Kein gewöhnlicher Mensch gibt zu, daß man B sagen muß, wenn man A gesagt hat. Nur Denker fühlen sich mitgerissen von dem hellen Zwang, mit dem ein B aus einem A folgt – und wenn darüber die Welt unterginge. Durch Denken wird ein künstli-

14 Platon, Symposion 175 d.

cher Autismus geschaffen, der den Denkenden isoliert und ihn in eine Sonderwelt aus zwingend verknüpften Vorstellungen entrückt.

Zur Deutung dieses beunruhigenden Phänomens wußten schon die antiken Kommentatoren kein anderes Mittel als den Rückgriff auf den Mythos vom Dialog der Seele mit einem Dämon – Sokrates selber behalf sich mit dieser volksreligiösen Fiktion, um sich seine Exkurse in den anderen Zustand zu erklären. In der Terminologie von Niklas Luhmann würde man solches Entrücktsein ins innere Operieren als eine unbeobachtbare Beobachtung bezeichnen und sie hierin mit den Träumen in Analogie setzen, die bekanntlich allein der Träumende erlebt. Sokrates gestand von seiner Weisheit, sie sei »etwas gar schlechtes und unsicheres da sie wie ein Traum ist«.[15]

Sieht man den Weisen in einer seiner Absencen, wird man Zeuge einer besonderen Art von Verlorenheit. Man weiß nicht, was in ihm geschieht: Hört er Stimmen, sieht er Bilder, schlägt er sich mit einer dämonischen Präsenz herum oder erfährt er gar eine göttliche Einstrahlung? Sicher ist freilich: Er steht still vor uns und ist ganz weit weg. Immerhin sind wir geneigt zuzugeben, dies sei etwas anderes als eine gewöhnliche Herumsteherei. Eher nehmen wir an, es handle sich um ein Ruhighalten unter einem Appell, der ihn, den Denkenden, von einem nicht näher bestimmbaren Anderswo her trifft. Tatsächlich, Sokrates ist auf einer inneren Reise. In gewisser Weise dürfte man ihn

15 Ebenda, 175 e.

als einen Emigranten verstehen, als den Erfinder einer sublimen Auswanderung. Wer denkt, wie die frühen Philosophen dachten, nimmt Urlaub von der gemeinsamen Welt,
er wandert in die Gegenwelt aus, die von der platonischen
Metaphysik umstandslos als die Überwelt, die wahre Welt,
ja geradezu als die Heimat des besseren Teils unserer Seele
gedeutet wurde.

Diese Erfahrung sprengt nicht nur die populären Welt-
bilder auf, sie zerreißt auch die eingelebten sozialen Solidaritäten. Durch die gemeinsame Bemühung um »die wahre
Welt« kann sich zwischen Denkenden eine Gemeinschaft-
lichkeit zweiter Ordnung ausbilden, die auf geteilten logischen Erlebnissen und auf der Eidgenossenschaft der
Wahrheitssuche beruht. Hier gelten die althergebrachten
familiären, ethnischen und städtischen Solidaritäten nicht
mehr. Was die sozialen Folgen dieser geistigen Sezession
angeht, so manifestieren sie sich in dem dramatischen Befund, daß jede höher entwickelte Gesellschaft mit der Existenz von Gegengesellschaften aus Denkenden zu rechnen
hat. Seit über zweieinhalb Jahrtausenden ist ein kleiner,
doch nicht unwesentlicher Teil der Populationen unserer
Hemisphäre stets in Gedanken anderswo. Akademien,
Schulhäuser, Klöster, Kirchenbauten und Solitüden zeigen
an, wie dieses Anderswo sich architektonisch artikuliert. In
bezug auf die heutigen Verhältnisse begnüge ich mich mit
dem Hinweis, daß die jüngere Rationalitätskultur – die
man in ihrer Summe nicht zu Unrecht als ein anti-platoni-
sches Experiment gedeutet hat – sich in weiten Teilen als
ein Unternehmen zur Wiedereingemeindung der Wissens-

träger verstehen läßt. In ihr werden Antworten auf die folgenden Fragen gesucht: Wie ist das Anderswosein der Denkenden zu deuten, wenn man es nicht länger als logische Himmelfahrt oder akademische Auswanderung beschreiben möchte? Wie wären in Zukunft intellektuelle Solidargemeinschaften zu gründen, die nicht zwangsläufig den Bruch mit der ersten Gesellschaft nach sich ziehen? Können moderne Gesellschaften sich wirklich, wie jüngst so oft behauptet wird, in »Wissensgesellschaften« verwandeln, in denen die Opposition zwischen den Gebildeten und den Ungebildeten ihre alte Schärfe verlöre? Oder sollen sogar – wie ein gewisser platonisierender Extremismus noch heute suggeriert – die realen Völker nach dem Modell der wahrheitssuchenden Gemeinschaften transformiert werden?[16]

Eine partielle Antwort hierauf hat Hannah Arendt in einem Kapitel ihres Buchs *Vom Leben des Geistes* angedeutet, das sie mit unverkennbar provokativer Tendenz unter den Titel *Wo sind wir, wenn wir denken?* stellte.[17] Man würde diese Formulierung für parodistisch halten, falls man ihr außerhalb des hier angedeuteten Zusammenhangs begegnete. Hannah Arendt jedoch kehrte ohne Umschweife die

16 Forderungen dieser Art, angewendet auf das Judentum und den Staat Israel, haben dem rücksichtslosen Platoniker Alain Badiou in Frankreich den Vorwurf des Antisemitismus und Faschismus eingetragen. Unter dem Druck des Verdachts auf »logischen Faschismus« weicht Badiou neuerdings auf Positionen aus, die dem »logischen Sozialismus« von Peirce und einiger deutscher Neo-Kantianer nach 1900 nahe kommen.
17 Hannah Arendt, Vom Leben des Geistes. Band 1, Das Denken, München/Zürich 1989 (deutsch zuerst 1979), S. 193 ff.

Beobachtung hervor, daß es unmöglich ist, den Ort des Denkens mit Angaben der Alltagstopologie zu bestimmen. Auch sie verweist auf die sokratischen Absencen: Wenn man den in sich versunkenen Sokrates »denken sieht«, ist dieser offensichtlich nicht dort zu verorten, wo man ihn physisch wahrnimmt. Aber wo sonst? Manchen Zeitgenossen möchte es naheliegend scheinen, zu behaupten, die Gedanken des Philosophen seien in seinem Gehirn, der Philosoph seinerseits sei im Hörsaal, der Hörsaal sei in der Universität, die Universität sei in der Stadt – und so hinauf bis zum Behälter aller Behälter, dem Universum. Aus der Sicht der existentialen Analyse ist mit solchen Aussagen über das Wo des denkenden Daseins nichts gewonnen. Sätze aus der Physik und der alltäglichen Topologie erlauben keine Verortung des wirklichen Daseins, das denkt. Sie tragen nichts bei zur Beantwortung der Frage, wo Sokrates ist, wenn er in Gedanken versinkt, und wo die Nachsokratiker sind, die es ihm gleichtun.

Die richtige Antwort lautet lapidar: Sie sind in einem Anderswo, für das wir bis auf weiteres keine näheren Bestimmungen angeben können. Der Ausdruck Anderswo – Hannah Arendt zieht das Wort »Nirgends« vor – muß fürs erste genügen. Wen die Vagheit der Auskunft nicht entmutigt, wird sich bei weiterem Nachdenken davon überzeugen, daß es zwischen der allgemeinsten Situationsaussage – In-der-Welt-Sein – und der spezielleren Aussage – In-Gedanken-Sein – einen Zusammenhang gibt. Beim In-Gedanken-Sein wird ein Merkmal eigens auffällig, das auch dem In-der-Welt-Sein als solchem anhaftet, ohne in der Regel bemerkt zu werden – der ekstatische Zug. Die Ekstase, wie die Philosophie sie versteht, ist kein Benommenheitsphänomen, das Psychologen oder Chemiker anginge, sondern die Art und Weise, wie sich das Dasein selbst als Gespanntheit in ein Anderswo darstellt – gleich ob man diese Spannung als Tendenz zum »Transzendieren« oder als Zug zum schöpferischen »Werden« beschreibt. Nicht ohne Grund hat Heidegger die Sinnverwandtschaft zwischen dem griechischen Terminus *ekstasis* und dem lateinischen Ausdruck *existentia* hervorgehoben: In beiden Wörtern fällt der Akzent auf eine Bewegtheit, aus der ein »Herausstehen« resultiert. Existieren heißt demnach: nicht in einer eindeutigen Lokalisation aufgehen, sondern von hier nach dort gespannt sein und von jetzt nach früher oder später. In einer alternativen Formulierung könnte man sagen, wer existiert, wird an seinem »Ort« von anderswo her beansprucht. Vom frühen Heidegger stammt der dunkle, doch seinem Bauplan nach vollkommen durchsichtige Satz: »Da-Sein heißt: Hineingehaltenheit in das Nichts«,[18] eine Sentenz, die ahnen läßt, daß Existenz nie ohne Beunruhigung durch das »Offene« zu denken ist.

Man kann sich vielleicht auf die Behauptung einigen, das Dasein sei von sich her »mehrwertig« lokalisiert, ja, es sei immer schon, über das Hiersein hinaus, mit einem Mehr an Anderswosein aufgeladen. Die Verrückung ins Denken macht einen Aspekt dieses Zugs der Existenz zum Anderswo

18 Martin Heidegger, Was ist Metaphysik? Freiburger Antrittsvorlesung am 24. Juli 1929, Frankfurt am Main 1981, S. 35.

sichtbar. Dem folgt der Denkende, wenn er aus der Sphäre des öffentlichen Zusammenseins herausgehoben wird, um statt dessen die Immersion ins Milieu der koordinierten Ideen zu erfahren. Was er im anderen Zustand erlebt, ist nicht eine innere Reproduktion des Stimmengewirrs auf dem Markt, es ist nicht das Affentheater der Assoziationen, die im Kopf ergebnislos herumspringen (und das man neuerdings als Wettbewerb der Meme um freie Rechenkapazitäten des Neokortex deutet[19]). Von den Mythen der Ammen und Seefahrer hält das Denken sich ebenso weit entfernt wie von den Programmen der Agitatoren auf der Agora. Die Denkenden sind in eine Sphäre versetzt, in der eine einzige Übung dominiert: den Sinn der Wörter, der Sätze und der Satzfolgen zu erhellen, die wir aussprechen dürfen, wenn wir etwas Wahres sagen wollen. Denken meint hier, antiker Konvention gemäß, die Suche nach dem wahren Begriff einer Sache. Diese Bemühung kann platonischem Verständnis gemäß nur dadurch zu einem haltbaren Ergebnis führen, daß die menschliche Rede an eine andere Welt, die Ideensphäre – oder wie immer man den Bereich stabiler logischer Objekte nennen will –, andockt. Und wie stets, wenn es um diese Doppelzugehörigkeit geht – zu der empirischen Welt *und* zu einer überempirischen –, kommt das Phänomen der Doppelsubjektivität ins Spiel: mein reales Ich *und* ein größeres Selbst. Wie Paulus sagt: Ich lebe, aber nicht ich selbst, sondern Christus lebt in mir,[20] so bekennt

19 Susan Blackmore, Die Macht der Meme oder die Evolution von Kultur und Geist, Heidelberg/Berlin 2000.
20 Brief an die Galater 2, 20.

der platonische Logiker: Ich denke, aber sooft ich richtig denke, bin ich es nicht selbst, sondern die Idee in mir.

Das also war Platons große Intuition: Die Absencen seines Lehrers Sokrates sollten nicht länger in Toreinfahrten und auf öffentlichen Plätzen stattfinden, wo sich jeder Passant über den Entrückten belustigen durfte. Es ging ihm darum, den prekären Zustand der völligen Widmung an die Gedanken in eine angemessene Hülle zu fassen. Nichts anderes ist die ursprüngliche Akademie, als eine raumschöpferische Innovation gewürdigt: Sie stellt eine vorbildlos neue Institution zur Beherbergung der Absencen dar, die bei der Suche nach dem noch weitgehend unbekannten Zusammenhang zwischen Ideen auftreten – und, warum auch nicht, beim Studium des Zusammenhangs zwischen den Wörtern und den Dingen, der, wenn man es recht bedenkt, nur problematisch sein kann. Die Akademie ist das architektonische Äquivalent zu dem, was Husserl als *epoché* apostrophiert hatte – ein Haus zur Weltausschaltung und zur Sorgeneinklammerung, ein Asyl für die rätselhaften Gäste, die wir die Ideen und Theoreme nennen. In heutiger Ausdrucksweise würde man sie als ein Retreat oder einen Rückzugsraum bezeichnen.

Tatsächlich hatte Platon bei der Einrichtung der »Akademie« im Jahr 387 v. Chr. ein praktisches Muster zurückgezogenen Lebens vor Augen, wie er es unmittelbar zuvor auf seiner ersten sizilianischen Reise kennengelernt hatte. Er soll bei der Stadt Kroton (heute Cotrone) in Süditalien einer Kommune von theorietreibenden Eremiten begegnet sein, die sich auf den Weisen Pythagoras beriefen, einen

Mann, von dem man nicht weiß, ob er noch ein Schamane oder schon ein Mathematiker war oder beides zur gleichen Zeit. Auf den Spuren ihres damals bereits seit über einhundert Jahren verstorbenen Meisters hatten diese Sonderlinge sich von der Stadtgemeinschaft abgewandt, um ein den Zahlenstudien und dem Vegetarismus gewidmetes Leben zu führen. Auch wenn die Angaben ohne Gewähr sind und ihren legendarischen Anteil kaum verleugnen, läßt sich an ihnen ein Hinweis auf die offensiv neuartige Qualität des platonischen Retreats ablesen. *De facto* hat Platon den Rückzug aus der Stadt in die Stadt selbst zurückübertragen und durch diese Geste eine weltgeschichtlich folgenreiche politisch-topologische Differenz gestiftet. Um mit Michel Foucault zu reden, handelt es sich bei der Ansiedlung der Akademie in der Stadt um eine »Heterotopie«. Dieser Ausdruck bezeichnet einen ausgegrenzten Ort, der sich zwar in die normale oder »orthotopische« Umgebung der Polis einfügt und doch ganz seinen eigenen, von der Stadt her unbegreiflichen, ja befremdlichen Gesetzen untersteht. Man muß sich davor hüten, die Akademie für eine Utopie zu halten. Sie ist kein Gebilde im Nirgendwo, nach dem man so vergeblich suchen würde wie nach der Zivilisation von Atlantis. Sie ist ein durch und durch konkreter Ort ganz nahe bei der Stadt, in Fußweite vor den Mauern, ein real existierendes Anderswo, das man betreten kann, sobald man die Zulassungsbedingungen respektiert – namentlich die mathematischen Vorkenntnisse und den guten Willen, sich vom »Unverborgenen« oder »Nicht-Trügenden« belehren zu lassen.

Von diesem heterotopen, andersartigen und »andersorti-gen« Gebilde stammen alle Institutionen ab, die sich durch die »akademische Differenz« auszeichnen. Somit haben wir, erlauben Sie mir diesen Einschub, in diesem Augen-blick und an dieser Stelle guten Grund, uns vor Platon, dem Erfinder der hohen Schule, zu verbeugen – ebenso wie, dem *genius loci* gemäß, vor der bezaubernden Gestalt der Mechthild von der Pfalz, die sowohl bei der Gründung der Tübinger Universität im Jahr 1477 als auch, zwanzig Jahre zuvor, der Freiburger Universität – an der Husserl von 1916 bis zu seiner Emeritierung im März 1928 lehrte – ihre Hand im Spiel hatte. Niemand wird behaupten, die-se Hochburgen des Studiums im deutschen Südwesten hät-ten ihre Mission *in puncto* Weltausschaltung und Absencen-beherbergung nicht erfüllt.

Das starke Kriterium des Lebens in der akademischen *epoché* ist die Ethik der Friedfertigkeit, nach welcher auch der heftigste Streit zwischen Gelehrten und offensiv vorge-tragenen Schulmeinungen immer nur in der Klammer des theoretischen Friedens geführt werden soll. Zum akademi-schen Leben gehört daher von Anfang an eine spezifische Friedensübung, die von ferne erneut an Husserls *epoché* er-innert – denn nur als Ort des logischen Friedens, der die Theorie als solche trägt, kann die *akademia* bis heute ihre Differenz von allen anderen Foren, Arenen, Parlamenten und Redaktionen wahren. Sämtliche Einbrüche von Un-friedensbewegungen in die Hochschulen, wie sie im 20. Jahrhundert in mehreren Wellen zu beobachten waren, sind verwerflich, weil sie dem Grundgesetz des akademischen Pazifismus zuwider wirken. Und ob nicht auch der aktuelle Einbruch des Ökonomismus in die Schulen und Hochschulen einem generalisierten Hausfriedensbruch gleichkommt, bleibt zu prüfen – der Verdacht ist ausgesprochen, und die Anklage ist formuliert.

Der Geist eines mit dem akademischen Irenismus verwandten Friedensbegriffs atmet in Spinozas Definition: *Pax enim non privatio belli sed virtus est quae ex animi fortitudine oritur*: Der Frieden ist nicht die Abwesenheit des Krieges, sondern eine (durch Übung erworbene) Tugend, die der (durch Übung zu festigenden) Stärke der denkenden Seele entspringt.[21]

---

21 Spinoza, Tractatus politicus V, 4. Vgl. hiergegen die katholische Definition des Friedens nach der Konzilskonstitution des Vaticanum II Gaudium et Spes: *Pax non est mera absentia belli… sed recte dicitur »opus iustitiae«* (Isaias 32,7).

2 »Der Beobachter ist erschienen«
Zur Entstehung des *epoché*-fähigen Menschen

Mit diesen Hinweisen auf frühe Merkwürdigkeiten und späte Komplikationen des theoretischen Lebens sind die Voraussetzungen gegeben, unter denen ich zum nächsten Abschnitt meiner Überlegungen übergehen kann. Ich hatte angekündigt, im zweiten Kapitel dieses Vortrags über die »mehrfache Bedingtheit des *epoché*-fähigen Menschen« zu reden, und versprochen, das Nötige dazu beizutragen, die Dunkelheit dieser Wendung aufzuhellen. Eine erste Tranche dieses Vorhabens habe ich erledigt, indem ich auf Husserls Entlehnung des Ausdrucks *epoché* aus der griechischen Skepsis hinwies und in Andeutungen auf dessen Rolle im Rahmen der phänomenologischen Prozeduren einging. Der größere Teil der Arbeit bleibt zu tun, weil ich nun darlegen möchte, auf welche Weise die Einklammerung der aus dem Leben aufsteigenden Vorstellungen und ihre Ersetzung durch stabile logische Objekte alias »Ideen« überhaupt je plausibel werden konnte.

Es handelt sich im Folgenden um etwas, was man als eine genealogische Untersuchung im Sinne Nietzsches bezeichnen darf. Die Genealogie stellt, wie bekannt, Antworten auf Fragen nach der Herkunft bereit. Weil eine korrekt betriebene Untersuchung dieser Art strikt auf der Unterscheidung zwischen guten und schlechten Abstammungen besteht, liefert sie das Muster einer kritischen Disziplin in normativer Absicht. Die Opposition von gut und schlecht entspricht hier dem Gegensatz von vornehm und gemein. Traditionell gehörte die Genealogie zum geistigen Rüstzeug derer, die sicherstellen wollten, daß ihr Stammbaum bis zu altvornehmen Anfängen zurückreicht. Sie erweist aber auch denen ihre Dienste, die ihren Argwohn bestätigen möchten, es sei beim Aufstieg dieser oder jener »Dynastie« nicht ganz mit rechten Dingen zugegangen. Es kommt nicht überraschend, daß die genealogische Betrachtungsweise in einem gewissen Ausmaß auch der metaphorischen Anwendung fähig ist. In diesem Sinn hat namentlich Nietzsche die Genealogie zu einem scharf geschliffenen Instrument der Evaluierung kultureller Traditionen ausgebildet.

Auf die Herkunft der theoretischen Einstellung im allgemeinen und der Wissenschaften im besonderen übertragen, hieße genealogisch denken: eruieren, ob diese Größen wirklich von so guten Eltern stammen, wie sie selbst zu behaupten nicht müde werden. Ist überhaupt die Herkunftsfrage hinsichtlich der Theorie jemals hinreichend geprüft worden? Könnte es nicht sein, daß man im Stammbaum des Denkens, sobald man den Phänomenen tiefer auf den Grund geht, auch suspekte Einflüsse und fragwürdige Beimischungen findet?

Naturgemäß gäbe man sich weder bei der buchstäblichen noch der übertragenen Herkunftsforschung mit solchen Vermutungen ab, wäre man der eigenen vorzüglichen Abstammung in aller Ruhe gewiß. Wer die genealogische Perspektive einnimmt, macht *eo ipso* ein Zugeständnis an den Verdacht, die fragliche Sache besitze ihres vornehmen Auftretens zum Trotz einen ererbten Makel. In unserem

Fall lautet die kritische Hypothese: Wäre es wohl möglich, daß der wirkliche Anfang der Wissenschaften gar nicht im Staunen liege, wie die Alten so gern behaupteten, in der Annahme, wer sich auf diesen als vornehm geltenden Affekt berufe, sei vor weiteren Überprüfungen sicher?[22] Ist es nicht überdies vorstellbar, Aristoteles bediente sich einer absicht- lich irreführenden Übertreibung, wenn er behauptete, alle Menschen strebten »von Natur aus« nach Erkenntnis – wobei »von Natur« den ältesten Adel der Welt bezeichnen soll, hierin Nietzsches Ur-Adelsprädikat »von Ohngefähr«[23] vergleichbar? Wie, wenn die vielgepriesenen theoretischen Tugenden in Wahrheit von verhohlenen Schwächen abstammten? Wenn sie auf dubiosen Kompensationen hartnäckiger Defekte beruhten oder gar auf der morbiden Unfähigkeit, den Tatsachen des Lebens ohne Beschönigungen und Ausflüchte Rechnung zu tragen? Und Husserl, der auf seine alten Tage naiv erklärte, er habe philosophieren müssen, sonst hätte er in dieser Welt nicht leben können: Verriet er mit diesem Bekenntnis nicht etwas, das die Gefahr in sich barg, kaum eingestehbare Befürchtungen über die Herkunft der Theorie aus überkompensierten Unzulänglichkeiten zu bekräftigen?

22 Oder es stellt sich heraus, das Staunen sei kein vornehmer Affekt, sondern, wie Descartes behauptet, die unangenehmste unter den »Leidenschaften der Seele«. Es steht daher in seiner Aufzählung an erster Stelle, und zu seiner Ausschaltung ist kein Aufwand an Erkenntnis zu hoch. Vgl. den Abschnitt *étonnement* in dem Traité des passions de l'âme, 1649.
23 Friedrich Nietzsche, Also sprach Zarathustra, 3. Buch, Vor Sonnenaufgang.

Wenn ich in bezug auf den *epoché*-fähigen Menschen die Herkunftsfrage stelle, so klingt das kritisch-genealogische Interesse unüberhörbar mit. Ist der *homo theoreticus* wirklich aus so gutem Hause, wie er selbst von seinen ersten Tagen an versichert? Oder eher ein Bastard, der mit falschen Titeln imponieren möchte? Und falls Bastard, durch welche Beimischung verriete sich seine zweifelhafte Herkunft? In solchen argwöhnischen Erkundigungen drückt sich die für Genealogen verbindliche Überzeugung aus, man dürfe in derartigen Dingen keiner Oberfläche trauen. Der Herkunftsforscher muß als erstes lernen, die stolzen Selbstaussagen der fraglichen Instanzen beiseite zu stellen. Für ihn gilt im Gegenteil die Regel: Sobald ein Objekt im Modus des genealogischen Verdachts anvisiert wird, schließt man von jedem plakatierten Ideal auf den Zustand dessen, »der es nötig hat«.

Nach Vorspielen bei den französischen Moralisten war Friedrich Nietzsche der erste Virtuose dieser Denkungsart, seit er in seiner *Genealogie der Moral* die Frage stellte: *Was bedeuten asketische Ideale?* Seine fatale Auskunft ist bekannt: Sie zeugen von der schlechtesten Herkunft, die einer Sache nachgesagt werden kann. Schlecht ist nach ihm, was aus den verdrehten, vergifteten und rachsüchtigen Stellungnahmen des gehemmten Lebens zu den Tatsachen des Daseins stammt. Giftiger, schlechter und verdrehter ist für Nietzsche nichts als das an die Macht gelangte Ressentiment, wie es dem geleugneten Neid, der rebellischen Inferiorität und dem aufgeschobenen Revanchebedürfnis einer Kaste machthungriger Geistlicher und Agitatoren entspringt –

Nietzsche setzte mit diesen Hinweisen unmißverständlich den gesamten Wirkungskreis konventionell christlicher Wertungen und ihrer politischen Säkularisate dem Herkunftsverdacht aus. Zugleich ist nichts verständlicher, menschlicher und politisch wie kulturell erfolgreicher als ebendas Ressentiment der Benachteiligten.

Auf der Spur solcher Überlegungen gelangt man zu der erschreckendsten Entdeckung der erweiterten Genealogie: Der Rückgang zu den Wurzeln im Ressentiment liefert Erklärungen für die größere Hälfte der Welt, sofern diese den Machtbereich der Neidmoral und ihrer Derivate bildet. Von den schlimmsten Eltern stammt die verzweigteste Familie. Die Denkform, die diesem Phänomen gewachsen wäre, kann nur eine entlarvende Psychologie sein, die uns die Einfühlung in alle Mitglieder des Hauses gestattet. Die guten Gründe, die jeder versteht, sind die schlechten, die das meiste erklären. Die Entlarvung des Ressentiments geschieht nicht aus Hochmut, wie so viele Betroffene in begreiflicher Defensive unterstellen. Sie entspringt dem kulturtherapeutischen Elan, mit dem Nietzsche innerhalb der gesamten okzidentalen Kultur, ja bei allen überweltsüchtig angekränkelten Kulturen die epochale Umstellung von welt- und lebensverneinenden Tendenzen auf die bejahenden Tugenden vollziehen wollte. Unter diesem Gesichtspunkt hatte Albert Schweitzer recht, wenn er – nach Sokrates und Jesus – Nietzsche als den maßgeblichen ethischen Lehrer der westlichen Überlieferung hervorhob.

Wer also, von Nietzsche angeregt, die Genealogie der theoretischen Einstellung und des wissenschaftlichen Weltzugangs als solche erforscht, tut dies in der Absicht, sich darüber Klarheit zu verschaffen, ob auch in diesen Größen Abkömmlinge des Ressentiments zu erkennen sind. Ist denn die Wissenschaft nicht auf ihre Weise an die Schicksale der »asketischen Ideale« gebunden? Ist nicht alle Theorie in den langen Sklavenaufstand verstrickt, der sich als Fortschritt in der Naturbeherrschung zum Wohle des Menschen maskiert – wie die krypto-nietzscheanisch inspirierte frühe Kritische Theorie behauptete? Ist der »Wille zum Wissen« nicht stets auch durch die rächerischen Regungen der Erniedrigten und Beleidigten angetrieben? Oder kann sich das Streben nach Erkenntnis auf respektablere Quellen berufen als auf die Nötigung, primäre Mängel mit »geistigen« Mitteln zu kompensieren? Ein kleines Proviso mag hier am Platz sein: Wer solche Untersuchungen in Gang setzt, sollte sich vor dem suggestiven Pathos seiner Fragen hüten. Sie stehen ihrerseits auf schwankendem Grund, und niemand wußte das besser als der Autor der *Fröhlichen Wissenschaft*. Er war nicht nur der Meister des Verdachts gegen falsche Adelswappen, er verdächtigte den Verdacht selbst und attestierte ihm seinerseits eine Herkunft von obskuren Eltern. Nicht immer ist das verdächtigende Denken ein Zeichen jenes gesunden Mißtrauens, das Nietzsche, zusammen mit der souveränen Spottlust, zur Grundausstattung jedes guten Rationalisten rechnen wollte; allzuoft scheinen auch an ihm die bedenklichsten erblichen Belastungen durch, mütterlicherseits die Paranoia, väterlicherseits der Herabsetzungsdrang. Darum verlangt das genealogische Denken eine ständige Gleichgewichtsübung: Wer Personen, Sachen und Ideen nach ihren Quellen und Appellationen evaluieren will, muß sich darauf verstehen, diesseits und jenseits des Verdachts zu operieren.

Die aufgeworfenen Fragen sind, wie man sieht, zu ernst und zu verwickelt, um sie mit einer schnellen Antwort zu erledigen. Ich werde im folgenden eine Reihe von Gesichtspunkten anführen, unter denen sich die Herkunftsfrage in bezug auf die alteuropäische Theoriekultur abhandeln läßt. Ich zähle vier Annäherungen an den Gegenstand auf, die geeignet sind, in summarischer Weise begreiflich zu machen, wie es im antiken Hellas zur Emergenz von Theorie und Wissenschaft *more philosophico* kommen konnte. Da diese Größen hier mit dem Auftauchen von entsprechenden Askesen, Haltungen und Routinen verknüpft werden, lautet unsere Leitfrage: Unter welchen konkreten Bedingungen ist das Prägnantwerden des *epoché*-fähigen Menschen zu denken?

Wie auch immer die Antworten auf diese Frage ausfallen, ein Umstand scheint doch auf der Hand zu liegen: Weil zur Zeit der ersten Theoretiker die Disziplinen und Felder, die später Theorie, Wissenschaft und Philosophie hießen, noch nicht in regulären und verfaßten Formen existierten, mußte der Mensch, der dorthin unterwegs war, durch vortheoretische, vorwissenschaftliche, vorphilosophische Stimmungen, Neigungen und Praktiken zu ihnen disponiert sein. Wenn die *epoché* praktizieren bedeutet, eine Haltung der betrachtungsfördernden Abstinenz einzuüben, liegt es nahe, in den allgemeineren Umständen nach den Elementen zu forschen, die solche »ausgekoppelten« Modi des geistigen Verhaltens motivieren. Die Neigung, aus dem Strom des Lebens herauszusteigen und das Weltschauspiel vom Ufer aus an sich vorbeiziehen zu lassen, mag zu allen Zeiten eine unspezifische Mitgift gewisser Völker, Kasten und Familien gewesen sein. Jedoch nur unter sehr spezifischen, vielleicht sogar singulären Bedingungen konnte es in einer bestimmten Kultur und zu einer bestimmten Stunde zur Kristallisation des *bios theoretikós* kommen. Mit einemmal scheinen die Prämissen versammelt zu sein, unter denen die ans Unmögliche grenzende Unwahrscheinlichkeit des Phänomens vom Zug zur Verwirklichung überwogen wird. Der Neuankömmling freilich, kaum daß er das Licht der Welt erblickt hat, wird umgehend die Erklärung verbreiten, er verkörpere die nobelste Lebensart von alters her und stamme von den besten Eltern, ja, von den Göttern selber ab – mit der einzigen Einschränkung, daß Götter unfähig sind zu staunen.

Ich möchte in mehreren Schritten zeigen, wie die Entstehung von *epoché*-Fähigkeit bei den Griechen des klassischen und nach-klassischen Zeitalters zu rekonstruieren ist. Zuerst trage ich ein psychopolitisches Argument vor, dann ein charakterologisches oder psychologisches, darauf ein soziologisches und zuletzt ein medientheoretisches.

Um meinen ersten Hinweis zu erläutern, erinnere ich an die Gründung der platonischen Akademie, wobei das Augenmerk diesmal auf das Datum zu richten ist. Als Platon, damals vierzigjährig, nach seiner Rückkehr von der ersten Sizilienreise um 387 v. Chr. das Grundstück beim Hain des Hekádemos nordwestlich vor der Stadtmauer erwirbt, um seinen Theoriegarten einzurichten, ganz in der Nähe eines Sportplatzes, dessen lebhafter Betrieb ihm bewiesen haben mag, daß den jungen Leuten der Weg in diese Gegend nicht zu weit schien, blickt er auf eine bezeichnende Sequenz von Ereignissen in Athen zurück: Es war gerade ein Jahrzehnt vergangen, seit es im Jahr 399 v. Chr. zum Prozeß gegen Sokrates wegen Gottlosigkeit bzw. Kultmißachtung (*asébeia*) und verderblichem Einfluß auf die Jugend gekommen war – eine für Athen fatale Periode. Zwischen 404 und 403 v. Chr. war die blutige oligarchische Reaktion über die Stadt hinweggefegt, die in den Geschichtsbüchern als die »Diktatur der Dreißig« geschildert wird; unmittelbar davor hatte der drei Jahrzehnte umspannende Krieg gegen Sparta mit dem Ruin Athens und einem temporären spartanischen Besatzungsregime geendet. Platons Jugend – er war wohl um 428 v. Chr. geboren – war von permanenten Kriegsgeschehen geprägt, weswegen ihm der geglückte *bios politikós* in der Friedensdemokratie völlig unbekannt blieb. Um so mehr hatte er Gelegenheit, Eindrücke von den Reden zu sammeln, die auf der Agora der kriegführenden Polis gehalten wurden und deren praktische Resultate sich im fortwährenden Wiederaufflackern der Kämpfe beobachten ließen. Daß Platon über das, was er später die *doxa* nannte, kein günstiges Urteil fällen konnte, versteht sich aus seinen Beobachtungen über die Wirkungen der freien »Meinungsäußerung« in der kriegführenden Stadt. Für ihn war wie für viele seiner Zeitgenossen der Unterschied zwischen bürgerlicher Überzeugungsaussprache und Kriegsparteigeschrei zu einer vernachlässigbaren Größe geschrumpft. An die Stelle des Wettkampfs sinnvoller Standpunkte und authentischer vitaler Perspektiven war schon seit langem die permanente Agitation getreten. Der Tumult der Schlagworte hatte den schönen Pluralismus der lebensgeschichtlich gewachsenen Ansichten vertrieben. Was zurückblieb, waren militante Verhetzungen, wie man sie auch vom endlosen Hader der ideologischen Lager in der Moderne kennt.

Vor diesem Hintergrund ist eine klare Diagnose zu stellen: Die institutionelle Etablierung der Philosophie durch die Eröffnung von Platons Schule um 387 v. Chr. war eine Reaktion auf den Zusammenbruch des athenischen Polismodells. Sie zog die Konsequenzen aus der kruden Evidenz, daß die Demokratie als kollektive Form des guten Lebens gescheitert war. Die Politik, als geteilte Sorge um das Gemeinwesen, hatte aufgehört, das höchste Bedürfnis des Geistes zu sein. Wie Hegel das Ende der Kunst verkündet hat, wäre hier vom Ende der Poliskultur zu sprechen – ja, vom Ende des Politischen schlechthin. Die Philosophie, wie Platon sie der Nachwelt übergab, ist eine Tochter der Niederlage und zugleich deren Kompensation durch eine geistreiche Flucht nach vorn. An ihrem historischen Ursprung aufgefaßt und nach ihrer Grundstimmung gedeutet, ist die von nun an so genannte »Liebe zur Weisheit« die erste und reinste Form von Verliererromantik – Umdeutung einer Niederlage in einen Sieg auf anderem Felde und Umkleidung eines irreparablen Verlusts zu einem unausschöpflichen Gewinn.

Im Licht dieser Diagnose sind Platons Redaktionen der Erzählungen vom Tod des Sokrates noch einmal aufzublättern. Schon mit dieser erhabenen Performance zur Illustration des Satzes, es gelte, nach einem philosophischen Leben philosophisch zu sterben, gelangt die verliererromantische Gebärdensprache zu einem unübertroffenen Höhepunkt. Sie führt vor, was Verlierer tun können, um in letzter Minute aus Niederlagen Siege hervorzuzaubern. Der lebende Sokrates mag der letzte authentische Polisbürger gewesen sein, der nirgendwo anders als in seiner Stadt und unter ihren Gesetzen hätte leben wollen – weswegen er nach dem Schuldspruch zu fliehen sich weigerte. Sokrates an der Schwelle des Todes ist der Hauptzeuge für die nach-politische Welt.

Es ist erneut Nietzsche, der diese Zusammenhänge erstmals bemerkte. Er war mißtrauisch genug, zu begreifen, daß Platon den abschiednehmenden Sokrates einen Satz zuviel sagen ließ. Er legte den Finger auf die fatale Sentenz im Dialog *Phaidon*, in welcher der Weise seinem Freund Kriton den Auftrag erteilt: »Wir sind dem Asklepios einen Hahn schuldig, entrichtet ihm den und versäumt es nicht!« Kommentatoren merken hierzu an, das Hahnopfer sei bei den Griechen Teil eines volksreligiösen Rituals gewesen, das Menschen ausführten, wenn sie sich genesen vom Krankenlager erhoben. Demnach bildet Sokrates in seinem letzten Lehrsatz eine gefährliche Metapher: Er redet allen Ernstes so, als habe er jetzt, da er aus dem Leben geht, guten Grund, dem Gott der Heilkunst Dank abzustatten. Er parodiert das Dankritual der Genesenen am Altar des Ärztegotts – in beiläufigem Ton und doch mit einer blasphemischen Intensität, die Konsequenzen ohnegleichen nach sich ziehen sollte. Seine Abschiedsgeste ist, was ihre überschießenden Implikationen angeht, allein mit der Parodie des jüdischen Pessachlamm-Rituals vergleichbar, mit welcher sich Jesus selbst als *agnus Dei* einsetzte. Es fehlte nur, daß man dem Sokrates, dem einwilligenden Opfer einer juristisch fragwürdigen Hinrichtung, als dem Hahn Gottes gehuldigt hätte. Mit dem Versprechen einer Dankesgabe an Asklepios gibt der sterbende Weise vor, er müsse sich den Himmlischen erkenntlich erweisen für die Heilung von der Mutter aller Krankheiten – der Krankheit des Lebens.

Hierin hat Nietzsche richtig gesehen: Indem Platon seinen Lehrer *implicite* behaupten läßt, er erhole sich von der längsten Krankheit, verwandelt er den Tod des Weisen in die Urszene der Welt- und Lebensüberwindung im Modus philosophischer Existenz. In gewisser Weise ist dieser Sokrates der erste Christ auf griechischem Boden. Ohne Zweifel hat Platon mit seiner Stilisierung des sokratischen Abschieds kräftig nachgeholfen, der Szene einen himmelfahrtssüchtigen Sinn zu unterlegen. Der eigensinnige Schüler hatte verstanden, daß nur eine Neuauslegung des Todes die Katastrophe des politischen Lebens zu kompensieren vermochte: Darum stellt sich die neue Disziplin Philosophie bei ihm von Anfang an als *ars moriendi* vor. Sie deutet den Tod des Weisen zu einer Universal-*epoché* um, durch die nicht nur die zerfallende Stadt auf Distanz gebracht wird – das gesamte soziale Dasein in seinen üblichen Formen fällt künftig unter die philosophische Geringschätzung. Diese geht so weit, die Anhänglichkeit der

Menschen an das physische Leben einzuklammern und das Dasein in Fleisch und Blut als bloße Prüfung oder als Ableistung eines Schuld- und Schicksalspensums aus früheren Existenzen aufzufassen.

Die makabre Abspreizung der schulischen Philosophie von der natürlichen Lebenseinstellung wäre folgenlos geblieben, hätte der Platonismus – über seine logischen Stärken und polemischen Suggestionen hinaus – nicht ein verführerisches Element in sich getragen, das mit den veränderten Weltumständen intim korrespondierte. Seine verliererromantische Tendenz verschaffte ihm gerade bei den Ambitionierten, Begabten und Desorientierten eine Attraktivität, die sich auch in späteren Zeiten immer wieder bewährte. Durch sie tritt ein stolzer Defätismus ins Leben, der sich als die Kunst präsentiert, mittels Niederlagen zu siegen. Da die Anhänger der Philosophie nicht mehr für die Stadt lebten und starben, sondern nach einer Wahrheit und einer Gerechtigkeit strebten, die über dieser Welt sind, veränderte sich die Bedeutung des Sterblichseins von Grund auf. Der Tod der Bürger galt nicht länger als das größte Opfer, das die Einzelnen ihrem Gemeinwesen zuliebe notfalls zu erbringen bereit sind, solange die Stadt glaubhaft versprach, dergleichen niemals zu vergessen. Nach dem langen Krieg war der Anschein entstanden, das Sterben der Bürger entglitte in die Formlosigkeit – und von der Formlosigkeit in die Bedeutungslosigkeit. Was war zu tun, wenn die Polis keinen Perikles mehr hervorbrachte, der noch wußte, wie nach den Regeln der Kunst eine Totenrede zu halten war? An welche Ordnung sollte man sich klammern, wenn die besiegte Stadt sich die Namen ihrer Toten nicht mehr merken konnte – sei es, weil die Opfer zu zahlreich wurden, sei es, weil die zivile Memoria die Kraft zur Errichtung wirksamer Monumente nicht mehr aufbrachte?

Nach dem Zerfall der Polis in ein Konglomerat von Interessengruppen, die kein gemeinsamer Gott mehr zu vereinigen vermochte und die kein glaubwürdiges Decorum in die Pflicht nahm, tritt die Philosophie auf den Plan, um dem Tod eine umstürzend neue Bedeutung zuzuschreiben. Er wandelt sich von einer potentiellen Opfergabe des Bürgers an das Gemeinwesen zu einem Gegenstand romantischer Spekulation, gelegentlich sogar zu einem Spielzeug metaphysischer Laszivität. Vor allem aber wird der Tod, als bewußte Rückkehr in den Ursprung verstanden, zu einer Aufgabe, der sich die Einzelnen mit letzter Verbindlichkeit widmen können, ohne daß ihnen die »Gesellschaft«, jetzt nur noch ein äußerliches Miteinander individualisierter Interessenverfolger, dazwischenreden dürfte. Dies war die Chance, die Platon geistesgegenwärtig ergriff: Die Philosophie macht sich von der meineidigen Stadt unabhängig, indem sie eine andere Ordnung der rettenden Erinnerung errichtet. Der geistvolle Einzelne braucht keine politische Nachwelt mehr, um in ihrem Gedächtnis weiterzuleben. Erkenntnis wird zur Erinnerung der noetischen Seele an sich selbst und ihre überweltliche Herkunft. Das Denken bietet sich als das Vehikel zur Heimkehr ins himmlische Archiv an. So sucht der Einzelne seine Rettung nicht länger in einem Platz im Gedächtnis der Nachkommen. Künftig wird das Heil allein durch die anamnetische Wiedervereinigung mit der Überwelt erreicht – im Leben begonnen, im Tod vollendet. Im übrigen wird die überpolitische Kultur des Andenkens im alten Europa stets zwischen ihrer platonischen und ihrer christlichen Version schwanken: kraft der ersten erinnern wir selbst uns an das Göttliche, gemäß der zweiten erinnert sich Gott an uns, indessen im christlichen Platonismus die beiden erinnernden Bewegungen miteinander verschmelzen.

Platon war auf der Höhe der Zeit, als er die Umstimmung der Lebensgefühle vom unerbittlichen Optimismus der homerischen Ära, der bis in die perikleische Epoche nachhallte, zu einer milden Welt- und Lebensverneinung zur Aussprache brachte – der spätere Name »Metaphysik« wird für diese Wendung einstehen. Mit ihr beginnt das Weltalter des unglücklichen Bewußtseins. Eine analoge atmosphärische Wende beobachtet man, allenfalls um ein reichlich bemessenes Jahrhundert früher, in den indischen Askesekulturen. Auch dort setzt sich nach und nach eine Stimmung »metaphysisch« codierter Absage an Welt und Leben durch, seit die ekstatische Positivität der älteren Upanishaden den dunklen karmischen Befreiungstheologien und deren radikalstem Erben, dem Buddhismus, Platz machen muß.

Dem psychopolitischen Argument zufolge ist das theoretische Leben ein Spaltprodukt, das beim Zerfall der Polis freigesetzt wird. Hieraus entsteht ein entlasteter, von der Sorge um die *politeia* emanzipierter Geist. Dieser fühlt sich nicht mehr dienend auf die Polis bezogen, vielmehr strebt er danach, die Stadt den eigenen Neigungen gefügig zu machen, indem er sie von oben kommentiert. Die neue Kunst Philosophie braucht die städtische Welt nur noch als Hintergrund für ihre Ausflüge ins Hohe und Ferne.[24] Den damals neuen Philosophen fällt durch die Weltlage eine Art von globaler *epoché* in den Schoß. Indem das politische Leben erlischt, flammt das beobachtende auf. Die Politik hat aufgehört, Passion und letzter Horizont zu sein, nun tritt sie als »Problem« vor Augen. Nachdem die Sache selbst entkräftet, ja verschwunden ist, strömt die Theorie in den Hohlraum ein und füllt ihn mit idealischen Forderungen, denen die Realität niemals entsprechen kann. Von nun an leben die Philosophen in den Städten wie Asylanten mit fremden Pässen. Die freien Geister haben die Weltbühne betreten. Ihre bloße Existenz impliziert den Vorwurf an die Wirklichkeit, den Idealen derer nicht zu genügen, die sich vom Alltag abgesetzt haben, um höhere Postulate zu verteidigen. Schon zu Platons Lebzeiten kommt das neue parapolitische Leitwort »Kosmopolitismus« in Umlauf, das offen proklamiert, die Denkenden seien jetzt nicht mehr an diese oder jene Kommune gebunden, sondern verstünden sich als Bürger des Weltalls. Ihr Leitwort heißt: überall leben können. Wer überall sein könnte, macht nirgendwo mit. Nun gilt es als vornehm, die maximale »Exilfähigkeit«[25] der Seele zu üben.

24 Vgl. Peter Sloterdijk, Die Stadt und ihr Gegenteil: Apolitologie im Umriß, in: ders., Der ästhetische Imperativ. Schriften zur Kunst, herausgegeben und mit einem Nachwort versehen von Peter Weibel, Hamburg 2007, S. 184-229.
25 Nach einem von Odo Marquard geprägten Ausdruck.

Nichts ist für die Verliererromantik so charakteristisch wie die Tendenz, daß ihre Akteure sich die eigene Ohnmacht in praktischen Dingen als Tugend anrechnen und ihre Unbrauchbarkeit zu konkreten Ämtern und Diensten als Beweis der Zuständigkeit für sämtliche Weltprobleme proklamieren. Mit den philosophierenden Kosmopoliten der nachplatonischen Ära tritt der Typus der freischwebenden Intellektuellen auf den Plan, die aus der Not der Niederlage die Tugend der Bindungslosigkeit machen – ergänzt um das Recht der Einmischung in alles, was Menschen angeht. Romantik ist imaginärer Souveränismus in nach-politischen Situationen. Nun soll der Zuschauer stets der Überlegene sein, indessen die Handelnden sich unweigerlich blamieren. Im Interesse des zu erbauenden Zuschauers wird die Forderung erhoben, die Macht möge der Ohnmacht nachgeben – wie Alexander es vorführt, wenn er sich von Diogenes sagen läßt, er solle ihm aus der Sonne gehen. Die neue Antithese von Macht und Geist wird von der Geistseite her kontrolliert: Die Macht gilt künftig nur als eine Form von verdunkeltem Geist, der auf seine Erhellung wartet.[26] Manche Denker ergreifen den Beruf des wandernden Konzertredners, der vor wechselndem Publikum mit Improvisationen über große Themen Eindruck macht. Andere akzeptieren die Rolle des Prinzenerziehers: so Aristoteles, der eine Zeitlang als Präzeptor des mazedonischen Fürstensohns Alexander tätig war. Nicht wenige schlagen den

26 Diese okzidentale Denkfigur kollabiert erst mit dem Aufkommen der postmodernen Diskurstheorie à la Foucault, durch die der Geist selbst als verdunkelte Macht enthüllt wird.

Weg zu den stillen Gärten Epikurs ein. Fast alle ziehen aus den neuen Umständen die Konsequenz, man müsse das eigene Leben regieren, wenn schon die Mitwirkung an der Leitung von Städten und Staaten nicht mehr möglich ist – dies schafft die Voraussetzungen für den breiten Erfolg des Stoizismus. Aus der Sorge um das Gemeinwesen ist die Sorge um sich geworden.

Kurzum, sobald die Polis die Kraft eingebüßt hat, die äußersten Ambitionen und innersten Dienstbereitschaften der Menschen an sich zu binden, entsteht ein kosmopolitischer Theorie- und Ethikmarkt, auf dem sich eine nach-politische Intelligenz auf die weltanschaulichen Bedürfnisse von Besiegten – man sagt auch: von Privatpersonen – einstellt. Die Zeit gehört den Tendenzen in Richtung Imperium und Monarchie. An anderer Stelle habe ich dargelegt, inwiefern man den Platonismus, da er zur Weltbetrachtung von oben und außen anleitet, als die politische Metaphysik des monarchischen Weltalters verstehen muß.[27] In diesem Weltzustand interessieren sich die Denkenden vor allem für imperiale Synthesen und huldigen den Kaisern, den Ganzheiten und den Ersten Ursachen.

Die Prägung der Philosophie durch die verliererromantische Gestimmtheit schließt nicht aus, daß einzelne Philosophen sich zu den wahren Gesetzgebern erklären. Im Gegenteil, nur wer in politischer Hinsicht verloren hat, kann sich in philosophischer an die Spitze setzen. Das gilt namentlich

27 Vgl. Peter Sloterdijk, Sphären II, Globen, Frankfurt am Main 1999, Kapitel 7: Wie durch das reine Medium die Sphärenmitte in die Ferne wirkt. Zur Metaphysik der Telekommunikation, S. 667-787.

für Platon, den Erfinder der Idee des Philosophenkönig-
tums. An seinen Schriften über die philosophische Neuord-
nung des Gemeinwesens ist abzulesen, wie und warum das
scheinpolitische Denken in nach-politischer Situation ins
Utopische ausweicht – spätere Tyrannei des Guten nicht
ausgeschlossen. Zwar sind Platons Reflexionen durchwegs
»politisch«, sofern seine Theoreme strategisch kalkuliert
sind und stets im Blick auf Gegner und Rivalen vorgetragen
werden. In noch höherem Maß jedoch sind sie unpolitisch,
weil er die Polis, in der seine Ideen gültig wären, in die Wol-
ken projiziert. Aristoteles, den man für größeren Realismus
lobt, macht es in diesem Punkt nur unwesentlich besser.
Auch er argumentiert nicht mehr politisch, er botanisiert
die politischen Phänomene. Er sammelt Beschreibungen
von Staatsformen wie Steine, Pflanzen und Insekten. In
seinen Ethiken bringt er entwirklichte Lebensformen auf
den Begriff. Unpolitisch bis ins Äußerste, definiert Aristoteles den *bios theoretikós* als einen *bios xenikos* – das Leben
als Fremder.[28]

So beginnt die Eule der Minerva ihren Flug über den
Kulissen einer erloschenen Demokratie. Wo vormals Bürger debattierten, dissertieren jetzt die Gastprofessoren – die
ganze Welt ist ein Wohnheim für *visiting scholars*. Von sich
selbst versichern die Gelehrten, sie seien Weltbürger, überzeugt, ein solches Wort sei immer ein Stipendium wert –
oder verdiene zumindest einen Beratervertrag an einem

---

28 An anderer Stelle nennt Aristoteles diesen auch den *eleutheros bios*,
das »freie Leben«, im Gegensatz zum »banausischen«, durch Alltagssor-
gen konsumierten Dasein.

Fürstenhof. Die Spätantike erlebt schließlich den Untergang der Philosophie in der Theologie. Die freie Verliererromantik muß den funktionalen Imperativen des monarchischen Weltalters weichen. Marc Aurel und Julian der Abtrünnige verkörpern isolierte und folgenlose Versuche, den kaiserlichen Souveränismus mit dem philosophischen in einer Person zu vereinen. Die übrigen Fürsten sind an Priestern, nicht an Philosophen interessiert: Die Rolle des Souveräns ist für anderthalb Jahrtausende eindeutig vergeben. Monarchen ist nicht an Schülern gelegen, sondern an Gefolgschaften. Nebenkaiser des Denkens werden nicht gebraucht. Der praktische Wert der »Geistigen« beschränkt sich in dieser Zeit aufs Untertanenmachen von innen.

Sobald mit der europäischen Renaissance ein neuer Zyklus des forschenden Denkens einsetzt, das sich Zug um Zug von der Theologie emanzipiert, kann die wiederkehrende Philosophie sich eine zweite Chance ausrechnen. Mit ihr meldet sich – unvermeidlich – das verliererromantische Syndrom zurück. Die Ambition der neuzeitlichen Philosophie zielt freilich weiter, als die antike es sich träumen ließ. In der Moderne wird die Überbietung der Selbstbeherrschung durch die Weltbeherrschung auf die Tagesordnung gesetzt.[29] Die neue geistsouveränistische Romantik wird im Deutschen Idealismus kulminieren und in seinen Zerfallsprodukten lange gefährlich weiterstrahlen: Tatsächlich, fast alles, was im 19. und 20. Jahrhundert philosophisch

---

29 Vgl. Peter Sloterdijk, Du mußt dein Leben ändern, a.a.O., III. Teil: Die Exerzitien der Modernen, S. 493-638.

artikuliert wurde, von den Junghegelianern bis zum französischen Existentialismus, von den Frühsozialisten bis zur Kritischen Theorie, gedieh in den Gewächshäusern einer zweiten verliererromantischen Stimmung – erkennbar an der Verbindung von universalistischem Pathos und praktischer Unbrauchbarkeit, gelegentlich ergänzt durch ein kavaliersmäßiges Verhältnis zur terroristischen Gewalt als typisch modernem Mittel zur »Wahrmachung« der philosophischen Idee.

Auf der anderen Seite stellt sich mit der zweiten Demokratie die Notwendigkeit ein, eine neue bürgerliche Erinnerungskultur zu schaffen. Auch die Modernen begreifen bald: ohne zivile Memoria kein verbindliches Gemeinwesen. Nun genügt es nicht mehr, sich auf Gottes Erinnerung an uns zu verlassen. In der zweiten Demokratie sind wieder die Gedächtnisse der Bürger gefragt, die sich an ausgezeichnete Mitbürger erinnern sollen. Sie sind es, die den für demokratische Gemeinwesen unentbehrlichen meritokratischen Äther schaffen.

Als Hannah Arendt in ihrem *Denktagebuch* im August 1953 den Seufzer notierte: »Wie hätte wohl eine Philosophie der Politik hundert Jahre vor Plato ausgesehen!«,[30] brachte sie eine Ahnung von der Ungleichzeitigkeit von Demokratie und Philosophie zum Ausdruck. Da sie die Verspätung des philosophischen Denkens für ein heilbares Gebrechen hielt, widmete sie sich der Aufgabe, eine geistes-

30 Hannah Arendt, Denktagebuch, 1950-1973, Erster Band, herausgegeben von Ursula Ludz und Ingeborg Nordmann, München/Zürich 2002, S. 414.

gegenwärtige Theorie des Politischen zu formulieren, in der die Strukturen der *vita activa* in der blühenden Polis auf Augenhöhe mit den virulenten Phänomenen aufgezeichnet würden – lange genug vor dem Ausweichen Platons ins idealistische Retreat und rechtzeitig vor der Emigration des Aristoteles in die allumspannende Sammelleidenschaft. Eine solche Theorie hätte die wahren Grundlagen der Polis, wie Arendt sie verstand, ins Zentrum zu rücken: das wirklichkeitsstiftende Miteinander-Reden der Bürger (das etwas ganz anderes wäre als die Verödung der öffentlichen Rede durch die diskursethischen Klischees), die Freuden der Liberalität, die den lebendigen Plural noch schätzt, und die unantastbare Legitimität der Doxa (von *dokei moi*: mir scheint), in der sich das Menschenrecht auf die jeweils eigene Sicht der Dinge artikuliert. Doch auch Hannah Arendts paradoxer Versuch, nachträglich die rechtzeitige Theorie zu liefern, kam nicht ganz ohne romantische Beimischungen aus, wobei sie Zusätze aus egalitären *common-sense*-Doktrinen britischen Ursprungs und elitäre Motive aus der amerikanischen Verfassung in Anspruch nahm.[31] Wie freilich eine »politische Philosophie« ohne utopische Verfrühung oder verlierende Verspätung aussehen könnte: das bleibt bis

31 Elitär deswegen, weil die amerikanische Konstitution die Politik als ein Geschäft wohlhabender Amateure definierte, die sich für das Gemeinwesen einsetzen, ohne von der Politik leben zu müssen. Das Konzept einer Aristokratie demokratischer Amateurpolitiker liegt Hannah Arendts Begriff des »Handelns« in ihrem Buch Vita activa zugrunde. Es führt zu dem irritierenden Resultat, daß es für das Wesentliche im Dasein des Menschen als *zoon politikón* keine zeitgenössischen Beispiele mehr gibt.

heute unklar. Es ist nicht einmal evident, daß es eine solche geben kann, da, wie gesehen, Politik und Philosophie keine Zeitgenossen sind – am Ursprung nicht und möglicherweise auch zu keinem späteren Zeitpunkt. Wenn es um letzte Verbindlichkeiten geht, muß entschieden werden, ob dem politischen Leben die erste Stelle gebührt oder dem theoretischen.

In der Gegenwart könnte die Philosophie, oder was sich so nennt, allein politisch werden, indem sie auf eine Vorrangstellung verzichtet – sie wäre dann allerdings nicht mehr, was sie von ihrer Gründungsgeste her sein wollte: die Souveränitätserklärung des theoretischen Lebens. Als »heroische Leidenschaft« kommt eine verzichtende Philosophie nicht mehr in Betracht. »Politische Philosophie« ist heute daher *eo ipso* Après-Philosophie, sie tritt zumeist als Zeitdiagnostik auf, kann sich aber auch als kritischer Meliorismus äußern, der sich auf soziale Mißstände spezialisiert, um ihre Beseitigung zu fordern. Im allgemeinen pflichtet sie dem postheroischen Ansatz bei, den Richard Rorty als den »*Vorrang der Demokratie vor der Philosophie*« umschrieb. Solche nachrangige »Philosophie« wird von der demokratischen Gesellschaft geduldet, nicht bewundert. Das Ansinnen, sich von ihr »begründen« zu lassen und damit deren Vorrang zuzugeben, wird von einer selbstbewußten Demokratie mit sachter Ironie zurückgewiesen. Vor diesem Hintergrund verwundert es nicht, wenn auch Hannah Arendts Erkundung einer »Philosophie der Politik hundert Jahre vor Platon« eher ein graecophiles Nostalgieprojekt als eine gültige Theorie der real existierenden *res publica* ergab. Arendt selbst war sich dieser Beschränkung bewußt und lehnte daher den Namen »Philosophin« für sich ab. Auch wollte sie ihr Fach nicht als »politische Philosophie« bezeichnet sehen, sondern zog den Ausdruck »politische Theorie« vor.[32]

Der Versuch, die Genesis der theoretischen Einstellung zu begreifen, erschöpft sich nicht in dem Hinweis auf die Entpflichtung der meditierenden Privatleute von der Sorge um die Polis, sosehr auch die Verwandlung des Bürgers in einen entlasteten Zuschauer des Welttheaters für alles Weitere von Bedeutung bleibt. Die Entstehung des *epoché*-fähigen Menschen ist – zweitens – auch durch psychologisch relevante Dispositionen in den einzelnen zu motivie-

32 Man könnte die historischen Komplikationen im Verhältnis zwischen Philosophie und Politik am besten durch vier Modifikationen der Herrin-Magd-Beziehung wiedergeben: Die antike Philosophie stellte sich als eine Herrin vor, die die Politik zu ihrer Magd machen wollte. Im christlichen Weltalter wurde sie selbst zur Magd der Theologie. Die neuzeitliche Philosophie unternahm einen neuen Anlauf, zur Herrin der Welt zu werden, konnte diesen Anspruch jedoch nur verwirklichen, indem sie die Wissenschaften aus sich entließ, die ihrerseits zu Mägden der faktischen Herrin Technik wurden. Die Philosophie verliert schließlich den Kampf um die Macht auf der ganzen Linie (man denke an Heideggers Beschämung durch ein Fehlengagement und Sartres freiwillige Selbstunterbietung durch seine unredliche Parteinahme für eine barbarische Diktatur). Nach ihrer Niederlage willigt sie ein, die Magd bzw. die Vorzimmerdame der Demokratie zu sein. Diese finale Subalternisierung charakterisiert die akademische Philosophie der Gegenwart, sie prägt ihr fast durchwegs ein unglückliches Bewußtsein auf, ihrem Weltbegriff wie ihrem Schulbegriff nach. Seit der Souveränitätsübertragung von der Theorie auf die Kunst der Moderne ist nicht-subalterne Philosophie nur noch durch eine Allianz mit den Künsten möglich.

ren. Schon früh – spätestens mit Aristoteles – haben die griechischen Proto-Psychologen die Beobachtung notiert, daß manche Individuen eine Neigung mitbringen, einen chronischen Abstand zwischen sich und ihrer Mitwelt zu erzeugen. Von Anfang an blieb unentschieden, ob das zurückgezogene beobachtende Dasein eher eine Schwäche des Vermögens zur Anteilnahme am Gemeinsamen oder die Stärke des Abseits-stehen-Könnens zum Ausdruck bringt. Das Phänomen selbst wird von der antiken Humoralpathologie durch die Dominanz der schwarzen Galle über die drei anderen Körpersäfte (Blut, Schleim und helle Galle) erklärt – weswegen dieser Menschentypus als der melancholische bezeichnet wird. Die Schwarzgalligkeit äußert sich in einer diffusen Partizipationsschwäche und in einer alles durchdringenden leisen Verstimmung. Der *homo theoreticus* scheint unter einer objektlosen Trauer zu leiden – er ist traurig nicht über dieses und jenes, sondern von Verlustgefühlen ohne erkennbaren Anlaß gezeichnet. Ihm ist, als ob der Welt etwas Wichtiges fehle. Er wird in ihr darum nie so recht zu Hause sein – ein Zustand, den Lamartine in seinem Trauergedicht *Isolement* beschwor: »Was bleibe ich länger auf dieser Erde des Exils / Da zwischen ihr und mir nichts mehr gemeinsam ist.«[33]

Schon die antike Tradition hat einen bestimmten Typus von Denkenden dieser Disposition zugerechnet – etwa den Heraklit von Ephesos, der von alters her unter dem

---

33 Alfonse de Lamartine, Isolement (1818) in der Gedichtesammlung *Méditations poétiques* (1820): »Sur la terre d'exil pourquoi resté-je encore / Il n'est rien de commun entre la terre et moi.«

Klischee des weinenden Philosophen präsentiert wurde. Tatsächlich bietet der alte Topos: *Democritus ridens, Heraclitus flens* einen Beleg dafür, wie früh man begonnen hatte, Unterschiede zwischen Denkschulen und Lehrgebäuden mit den Kontrasten zwischen humoralen Charakteren (in moderner Ausdrucksweise: zwischen Grundstimmungen) zu verknüpfen. Unvermeidlich führen die Tränen des Melancholikers zu anderen Vorstellungen über Welt und Leben als das Lachen des Sanguinikers. Die klassische Säftelehre wurde später von der Planetenmythologie überlagert: Demnach sind die Melancholiker Menschen, die ihr Leben unter das Zeichen Saturns stellen, des Gestirns der Weltabwendung und der stillen Betrachtung. Aristoteles war so weit gegangen, zu statuieren, alle geistvollen Männer seien Melancholiker gewesen. In ihnen vereinigten sich Scharfsinn und traurige Gemütsverfassung zu einer produktiven Synthese. Die von Natur aus Weltabgewandten scheinen prädestiniert, von Visionen und Einfällen heimgesucht zu werden. Nicht selten sind es die weltverlorenen Menschen, die ihrer ferngerückten Mitwelt auf dem Umweg über ihr tonisches Innenleben viel zurückzugeben haben. Wer einer solchen Haltung zuneigt, bewegt sich in einem selbstverstärkenden Zirkel. Wenn sich der *melancholicus* in sein Inneres zurückzieht, ist er spontan disponiert, den Übergang vom existentiellen Abseitsstehen zum methodischen Abstandnehmen zu vollziehen. Er macht aus dem habituellen Schritt zur Seite den theoriefördernden Schritt zurück. Er exerziert die Einklammerung seiner Lebensbezüge in natürlicher *epoché*. Hierdurch besitzt er einen Trainingsvorsprung bei den Haltungen, die den *bios theoretikós* und das vielgelobte Urteil *sine ira et studio* begünstigen. Die Tugend der Leidenschaftslosigkeit, die für sanguinische und cholerische Menschen nur gegen den Strich ihres Temperaments erreichbar wäre, ergibt sich für ihn wie aus erster Natur.

Man macht sich nur selten klar, wieviel das, was man Hochkultur nennt, dem Typus des leistungsfähigen Trauernden verdankt, bei dem sich die durchschlagende Allianz von Melancholie und Unternehmenskraft manifestiert. In heutiger Terminologie würde man Charakterbilder dieser Art am ehesten dem Umkreis schizoider Strukturen zurechnen. Sie sind für Menschen bezeichnend, die, psychoanalytisch gesprochen, nicht ganz »zu Ende geboren« sind. Für sie ist nichts normaler als der Abstand von jeder Normalität. Ihr Realismus zeigt sich in der Neigung, sich in den Halbwelten der Rêverie zu bewegen. Indem sie ihrem Hang folgen, sich in Gehäuse aus Launen und Vermutungen einzuspinnen, bringen sie zuweilen weltbewegende Erleuchtungen an den Tag.

Die Entstehung des *epoché*-fähigen Menschen ist ferner durch ein drittes Motiv zu erläutern – diesmal aus einem soziologischen Blickwinkel. Hierbei werden wir auf eine mentale Weichenstellung von epochaler Tragweite aufmerksam. Es geht um die »Ausdifferenzierung« des Erziehungssystems, um Luhmanns Terminologie zu bemühen, oder, um mit Bourdieu zu reden, die Etablierung des pädagogischen »Feldes«. Wenn man sich klarmacht, daß die Pädagogik aus Seitentrieben der Sophistik – das heißt aus der politischen Konfliktrhetorik in der demokratischen Stadt – hervorging, begreift man leicht, warum die Entstehung der förmlichen Kontemplation alles andere als ein kontemplativer Vorgang war. Von Anbeginn sah sich das theoretische Leben in den lautstarken Wettbewerb der Redner um pädagogische Aufträge eingebettet. Zum Verständnis dieser Konkurrenz – in die auch Platons nicht immer faire Kritik an den Sophisten einzuordnen wäre – ist es nützlich, zu bedenken, daß die ursprüngliche *paideia* die hellenische Institution der Doppelvaterschaft zur Voraussetzung hatte. Kraft dieser mußten die leiblichen Väter einwilligen, ihre Söhne in einem gewissen Alter dem Einfluß eines »Knabenführers« auszuliefern, der die Rolle des geistigen Vaters übernehmen sollte.[34] So liegt auf der Hand, daß man einen wichtigen Aspekt an der Produktion *epoché*-fähiger Menschen mit den ursprünglichen knabenführerischen Institutionen in Zusammenhang zu bringen hat. Tatsächlich werden die jungen Menschen in den aus dem Boden schießenden Schulen Griechenlands unter dem Vorwand der *paideia* ganz neuartigen Übungen im Zuhören unterworfen. Man muß geradezu von einer Abrichtung des Gehörs zum genauen Aufmerken auf Lehrer- und Meisterworte sprechen. Gleichwohl gilt nun das Hören nicht mehr bloß als Anfang der Nachahmung, sondern als erster Sproß einer Einsicht, die eines Tages auf eigenen Füßen stehen soll. Aus dieser Dressur entsteht die Figur des Schülers, ohne dessen Auftreten man die Geschichte der hochkulturellen Bildungstraditionen unmög-

34 Dieter Lenzen, Vaterschaft. Vom Patriarchat zur Alimentation, Reinbek bei Hamburg 1991, Kapitel 5: Vom Oikosherrn zum Pädagogen: Erste Deszendenz des Vaters: das antike Griechenland, S. 76 f.

lich verstehen kann. Schüler ist, wer sich um einer späteren Selbständigkeit willen ins Joch der geistigen Unselbständigkeit fügt – auf die Gefahr hin, die schulische Unterjochung nie mehr loszuwerden. Wer könnte leugnen, daß noch in den größten Meistern unserer Tradition stets ein Hauch von ewigem Schülertum überlebt?

Die Einübung der Jugend in schülerhafte Rezeptivität wird von einer folgenschweren Ruhigstellung der Motorik begleitet. Hier fängt etwas an, was man Sedierung durch Zu-Füßen-der-Lehrer-Sitzen nennen könnte: Hier entsteht der seßhafte Mensch im scholastischen Sinn des Wortes – solche zweite Seßhaftigkeit hat nichts mit der Niederlassung der Bauern bei ihren Feldern zu tun. Um diesen Vorgang in seiner ganzen Merkwürdigkeit zu erfassen, sollte man sich vergegenwärtigen, daß es kaum je einen Menschentypus gegeben haben dürfte, der weniger zum rezeptiven Ruhighalten disponiert gewesen wäre als der attische junge Mann. Der griechische Jüngling muß ein polymorph-athletisch-erotisches Hyperaktivitätssyndrom gewesen sein – zweitausendfünfhundert Jahre vor Ritalin. Und auf ihn findet die Pädagogik mit ihren Stillhalteübungen Anwendung. Noch drastischer prägt sich das in den altindischen Meditationssystemen aus, die das immobilisierte Sitzen von allen kommunikativen und grammatischen Funktionen abspalten.

Diese Haltungsdressur wird auf das gesamte Dasein der Sedierten abfärben – ja, was wir »Kultur« nennen, ist zu einem gut Teil ein nicht-chemisches »Sedativum«: zugleich Beihilfe zum Sitzenkönnen und Folge des sitzenden Weltbezugs. Dessen letzte Zuspitzung zeigt sich im stoischen

Ideal der *apatheia*. Man muß nur zugegeben haben, daß der Kosmos eine Schule ist, in der wir bis zuletzt geprüft werden: Dann ist der Weg vom Ruhighalten während des Unterrichts zum Ruhighalten unter dem Schicksal nicht weit.

Im übrigen hat die Einrichtung der »Schulzeit« zur Hervorbringung des *epoché*-fähigen Menschen auch dadurch beigetragen, daß der Aufenthalt in der »Schule« als Freisetzung von sonstigen Geschäften und Pflichten verstanden wurde. Daher die oft bemerkte Sinnverwandtschaft der Wörter für Muße, *scholé*, und Bildungsanstalt, *schola*. Die Risiken und Nebenwirkungen der Entlastung im Gefolge schülerhaften Lebens sind von alters her bekannt. Bereits in der Antike trat im Umfeld der Schulen eine gewisse Bohèmisierung auf. Sie hat sich bis auf den heutigen Tag erhalten, nur zum geringeren Teil durch Tradition, zum größeren wohl kraft ständiger Neuerfindung.

Schließlich möchte ich, als viertes und letztes, ein mediologisches Motiv für die Entstehung des *epoché*-fähigen Menschen erwähnen. Es ist inzwischen zu einem Gemeinplatz geworden, daß das Einsetzen der Wissenschaftsentwicklung immer auch aus ihrer Liaison mit der frühen Schriftkultur begriffen werden muß. In unserem Kontext bedeutet das: Der Übungskomplex des frühen *bios theoretikós* ist ständig mit der mentalen Habitusbildung durch die neue skripturale Wirklichkeitsbewältigung zusammenzudenken. Unverkennbar ist der anfängliche Modus des »Schauens« durch den europäischen Modus des Lesens mitbedingt. Für Europäer treten die Welt und das Buch schon früh in

Analogie zueinander. An dieser Konfiguration wird über einen Zeitraum von mehr als zweitausend Jahren festgehalten. Sie wird erst durch die Renaissancemalerei gelockert, als Welt und Tafelbild eine neue Gleichung ergeben; auch die Kartographie der Neuzeit trägt das Ihre zur Auflösung der Buch-Welt-Analogie bei, indem sie Globen und Landkarten zu Leitmedien der pragmatischen Weltanschauung erhebt. Vollends zersetzt sich die klassische Analogie im Zeitalter der Bildschirme und Keybords.

Der alteuropäische Zugang zur Erfahrungswelt hingegen ist durch grammatische Dressuren vorgeformt, ja, der Weltstoff selbst wird in dieser Schriftkulturzone nach Buchstabe, Silbe, Zeile, Seite, Absatz und Kapitel formatiert – mit dem Effekt, daß wir als Leser, die in Büchern wie in Situationen blättern und Situationen wie Buchseiten auffassen, von vorneherein die Disposition von abstandhaltenden Beobachtern mitbringen. In diesem Zeitalter korrespondieren der Acker und die Buchseite miteinander in dem Maß, wie Zeilen und Furchen einander gleichen. Cicero hat den bis heute nachwirkenden Begriff »Kultur« geprägt, als er die Bestellung der Seele mit der Kultivierung der Felder in Analogie setzte – wobei für ihn offenkundig war, der Acker der Seele sei am besten durch Literatur zu pflegen.

Kultivierungen erfolgen hier wie dort wegen der Aussicht auf Zuwachs. Das Lesen gilt folgerichtig als Ernten auf den Feldern des Wissens. Der *homo legens* wird so auf unauffällige Weise zu allgemeiner *epoché*-Fähigkeit erzogen. Wer gelernt hat, auf beschriebene Rollen und bedruckte Seiten zu schauen, übt immer schon Abstand gegenüber dem Geschriebenen, das seinerseits Abstand zum Gesagten und Erlebten hält. Er fungiert als Erntearbeiter in dem Maß, wie er fähig ist, sich aus den Parzellen des Textes das Seine zu holen. Wie nach Heidegger Denken und Danken zusammengehören, so auch Lesen und Sammeln. Der berufsmäßige Leser, der Gelehrte, der Pandit, wird zum Agenten einer neuartigen Form von Konzentration – ja, er sammelt nicht nur, er verwandelt sich selbst in eine Sammlung, in einen mit Wissen angefüllten Menschen, der zwischen inneren und äußeren Speichern hin- und hergeht. Er bewährt sich als *homo humanus*, indem er seine Existenz als Hineingehaltensein in den Zwischenraum zwischen innerer *memoria* und äußerem Archiv bewältigt. Humanist ist, wer sagen kann: Ich bin ein Mensch, nichts Aufgeschriebenes ist mir fremd.

Glücklicherweise muß ich über all diese Dinge hier nichts weiter sagen, da sie bereits gut ausgearbeitete Kapitel der Medien- und Kulturgeschichtsschreibung darstellen. Es genügt, an einige der wichtigsten Arbeiten des letzten halben Jahrhunderts auf diesem Feld zu erinnern – an Werke wie Harold Innis, *Empire and Communication*, Marshall McLuhan, *Die magischen Kanäle*, Walter Ong, *Oralität und Literalität*, Jack Goody, *Folgen der Schriftkultur*, Derrick de Kerkhove, *Schriftgeburten*, Eric A. Havelock, *Als die Muse schreiben lernte*, Alberto Manguel, *Eine Geschichte des Lesens*, Jochen Hörisch *Gott, Geld, Medien*, und *last but not least* an die reichverzweigten Œuvres von Jacques Derrida, Friedrich Kittler und Régis Debray. Es wäre kurzsichtig, in den genannten Werken nur Studien zur Grundlegung einer allgemeinen Literaturwissenschaft zu sehen. In ihrer Summe bieten sie nicht weniger als eine historische Anthropologie des kognitiven Übungssubjekts in der westlichen Welt.

Sollte man diese Hinweise auf die Bedingungen der Möglichkeit von theorie- und *epoché*-fähigen Menschen resümieren, es liefe auf die Sentenz hinaus: »Der Beobachter ist erschienen.« Durch die vereinten Wirkungen der genannten Prozesse nimmt die Theorie Menschengestalt an und wohnt unter uns. Ihre Synopse ergibt ein Bildnis des Theoretikers als jungen Manns.

Sein erstes Merkmal ist die Heiterkeit des indirekten Defätismus. Obschon er einem Kollektiv von Verlierern angehört, erfährt er die Niederlage als Privileg – man könnte das die Gelassenheit des Lebens jenseits von Sieg und Niederlage nennen. Er feiert das politische Scheitern als existentiellen Gewinn, er genießt die Schwäche des Gemeinwesens als persönlichen Freiheitszuwachs, er ist vom Karren der Praxis abgespannt und kann sich den Wonnen des betrachtenden Daseins hingeben – vorausgesetzt, das Feld der außerpolitischen Karrieren steht weit genug offen, um den Ersatz von politischen Ambitionen durch kulturelle Aspirationen plausibel zu machen.

Zweitens, er zieht Vorteil aus der Ausdifferenzierung der Jugend und blüht im Sonderklima der pädagogischen Provinz. Dem Poliszwang entronnen, gewinnt er Spielräume für ein individuelles Lebensprojekt. Hier tritt die Idee auf, es gebe ein Lernen ohne Grenzen, ein Studium ohne äußeren Zweck, eine Bildung, die sich selbst entgegenstrebt, indem sie den Kreis der wißbaren Dinge abschreitet. In Aristoteles hat sich der enzyklopädische Eigenwert des Wissens auf vollendete Weise verkörpert. Das Denken ist eine unangewandte Kunst, wer es praktiziert, verschleißt sich nicht in äußeren Kämpfen, der *bios theoretikós* hält seine Träger jung.

Drittens darf er in seinem Daseinsstil etwas pflegen, das älteren Kulturen unbekannt war: das Melancholieprivileg. Die Suspension des praktischen Sinns erlaubt Eleganz im Weltabstand, sie schafft Raum für eine atmosphärisch verallgemeinerte milde Verstimmung. Der denkende Mensch genießt das dämonische Geschenk der grundlosen Traurigkeit, die das theoretische Talent so oft begleitet. Dabei entsteht der Existentialismus des ernsthaften jungen Mannes, der das Leben für ein Oxymoron hält. Er verharrt in einem bittersüßen Exil, in dem nicht selten Gegenvorschläge zur Umgestaltung des Daseins im ganzen erbrütet werden – hier zweigt das theoretische Leben ins künstlerische Schaffen und utopische Planen ab. In diesem Zusammenhang darf man an Gabriel Tardes Bemerkung erinnern, der Mensch strebe nach dem Unmöglichen auf dem Umweg über das Nutzlose.

Und viertens: Der theoretische Mensch bildet sich zum Leser in jedem Sinn des Wortes aus, er trainiert den grammatischen Humanismus alteuropäischen Typs, er wird der Mensch in der Sammlung, er schult sich in der täglichen Praxis dessen, was die Griechen *legein* und *antilegein* genannt haben – reden und widersprechen, lesen und sammeln, wissen und prüfen. *Nulla dies sine linea*, das scheint eine Devise für Zeichner zu sein, es ist ebenso die Devise

der Leser und Schreiber. Um einen Titel Ivan Illichs ab-
zuwandeln: Der *homo theoreticus* ist ein Erntearbeiter »im
Weinberg der Schrift«. Er weiß, der Geist weht in der
Sammlung. In seinen Dienst tritt er als Helfer der schau-
enden Kollekte.

Im Rückblick auf die oben aufgeworfenen genealogischen
Fragen zeichnet sich ein ambivalentes Bild ab. An der Herausbildung des real existierenden theoretischen Lebens
sind die vornehmen und die unvornehmen Herkünfte auf
kaum entwirrbar ineinander verflochtene Weise beteiligt.
Es dürfte einleuchten, warum die beiden zuletzt genannten
Motive bei der Entstehung von *epoché*-Fähigkeit genealogisch neutral zu werten sind, da die Ausdifferenzierung des
schulischen Subsystems und die Verbreitung von Schrift-
und Lesefähigkeit im Licht der Herkunftsprüfung weder
gut noch schlecht erscheinen. Sie gehören zu den Lebens-
techniken in Hochkulturen, an denen seitens der norma-
tiven Stammbaumforschung nichts zu beanstanden ist, es
sei denn, man wollte den eingeschlafenen Widerstreit zwischen dem Geist, der belebt, und dem Buchstaben, der tö-
tet, neu entfachen – wozu selbst orthodoxe Christen, soweit
ich sehe, wenig Lust verspüren.

Den Boden der Mehrdeutigkeit betreten wir, sobald wir
die beiden ersten Faktoren evaluieren. Die Freisetzung des
bios theoretikós nach dem Untergang der Polis ist fürs erste
ohne einen Zusatz an antipolitischem Ressentiment nicht
zu begreifen: Die antike Flucht in die bessere Welt der
Kontemplation beweist ja nichts anderes, als daß die Theo-

riesubjekte sich für die Niederlage ihres Gemeinwesens auf einem anderen Feld schadlos hielten. Sie waren erfolgreich bei ihrem Versuch, die verlorenen Aussichten auf Bedeutsamkeit in der Polis durch Geltungsansprüche in überpolitischen Bereichen zu kompensieren. Dieser Gebietswechsel mag Züge einer Rache an einer enttäuschenden Wirklichkeit aufweisen und ist ganz unverkennbar vom Ressentiment gegen das Vergängliche durchzogen – ob es sich dabei um den verlorenen Glanz der Polis oder die Labilität der menschlichen Schicksale im allgemeinen handelt.

Dennoch läßt die Flucht in die Theorie sich nicht vollständig auf hochmütige Rückzahlungsgeschäfte reduzieren. Von den ersten Tagen seiner Entstehung an eröffnet der *bios theoretikós* ein Feld von Eminenzen eigenen Rechts. Es war nicht nur eine prätentiöse Redensart im Mund von Aufsteigern, wenn man in bürgerlichen Zeiten von einem »Adel des Geistes« sprach. Dies wäre ein suspekter Ausdruck allein dann, wenn man als echten Adel ausschließlich Sprößlinge von Oligarchen und Kriegeraristokraten gelten lassen wollte. Mit der institutionellen Etablierung der Theorie – und später der Kunstwelt – kommt es zu einer Ausweitung der Aristie-Zone, die das primitive Feld der dynastischen, politischen und athletischen Bestheitschancen überschreitet. Von da an besitzt auch die Theorie ein Oben ganz aus eigenem Recht. Es besetzen jene, die mit den besseren Argumenten, den größeren Überblicken, den elanvolleren Darlegungen überzeugen. Richtig betrieben, bietet das theoretische Leben den Herabsetzungsversuchen des genealogischen Verdachts nur einen schwachen Angriffspunkt. Als Ausdrucksgestalt des Ressentiments wäre es nur entlarvbar, wenn es gelänge, seinen transzendierenden Zug vollständig auf Eskapismus zurückzuführen. Eine definitive Bloßstellung der Theorie, wonach sie »nichts als« Kompensation für etwas anderes, Besseres, Unerreichbares wäre, kann angesichts des Eigensinns der »Ideenwelt« nicht gelingen, sowenig es je möglich sein wird, die Zahl Pi als ideologisches Konstrukt einer herrschenden Klasse zu »entlarven«.

Somit bliebe für die finale genealogische Bloßstellung des *bios theoretikós* nur noch die psychologische Hypothese übrig. Sie würde plausibel, wenn der okkasionelle Zusammenhang zwischen Kontemplation und Melancholie zu einem Beweis für eine allgemeine neurotische Bedingtheit des Denkens erweitert werden könnte. Aber alle Ansätze, das »Bedürfnis nach Philosophie« pathogenetisch aus dem unglücklichen Bewußtsein verstimmter Kollektive und rachsüchtiger Einzelner zu deuten, gelangen nie auf die Ebene gültiger Verallgemeinerungen. Denn so häufig der Hinweis auf existentielle Dissonanzen bei den Zugangsbedingungen zur Theorie als Argument *ad personam* triftig sein mag (die Depressionen des jungen Hegel wären hier ebenso anzuführen wie die pathetischen Verspannungen Max Webers, die Verstimmungen Wittgensteins ebenso wie das chronische Wüten eines gut Teils zeitgenössischer akademischer Philosophen gegen ihresgleichen), er eignet sich doch nicht dazu, die Sphäre als ganze unter Verdacht zu stellen. Diese wird, wie Erfahrung zeigt, von Einwohnern aus allen charakterologischen Himmelsrichtungen besiedelt, und unter diesen fehlen die unbeschädigten Naturen nicht. Wollte der kritische Genealoge von den vielen bedenklichen Einzelfällen (auch von der Vergiftung ganzer Schulen und der Boshaftigkeit ko-neurotischer Netzwerke) aufs Ganze schließen, so machte er sich einer Übereilung schuldig, aus der man die Stimme des Ressentiments diesmal auf seiner Seite heraushörte.

In der Summe ergibt sich der wenig überraschende Befund, daß die Entstehung des *epoché*-fähigen Menschen in die Schicksale seiner Trägerkultur verwickelt ist. Mit der Institutionalisierung von Schulwesen, Redekünsten, Wissenschaften und Gelehrtenrepubliken werden Verhältnisse geschaffen, unter denen das theoretisch übende Leben seine Rekruten in den nachrückenden Generationen gewinnt. Diese trügen sich kaum in die Bewerberlisten ein, wären sie nicht der Auffassung, sie träfen ihre Wahl zugunsten eines achtbaren *modus vivendi*. Daß sich darin nicht wenige Abkömmlinge aus kranken Baracken herumtreiben, merken sie früh genug. Im ganzen gelangt die genealogische Prüfung zu einem Resultat, mit dem die Anhänger des *bios theoretikós* sollten leben können. Wenn auch nicht zutrifft, was Aristoteles behauptet: daß alle Menschen »von Natur« aus nach Erkenntnis streben (denn der Philosoph votiert einseitig für die Wiedererkennung als Grund der Freude am welterschließenden Sehvermögen und blendet mutwillig die Tatsachen aus, die für die massive Neophobie der Menschen sprechen), so bleiben für jene, die es aus lokalen oder kulturellen Gründen tun, genug Motive, ihren *modus vivendi* für einen hinreichend respektablen zu halten.

3 Der theoretische Scheintod und
   seine Metamorphosen

Nach diesen Klärungen kann ich mich an die Aufgabe machen, die Entstehung oder besser die Selbstformung des
desinteressierten Menschen zu besprechen, von der ich ein-
leitend bemerkte, sie habe sich in ideenhistorischer Sicht als
ein Komplex von Lehren über den epistemischen Scheintod manifestiert. Die anfängliche theoretische Askese be-
stünde demnach in dem Bemühen des Denkenden, die
theorieverhindernden Aspekte seines eigenen Daseins nach
Möglichkeit auszuschalten – und da die Wurzeln der Theo-
rieverhinderung tief ins »empirische« Dasein als solches reichen, muß die Ausschaltung ihrerseits tief ansetzen. Sie
kommt nach den Aussagen der Klassiker dem Versuch
gleich, einen Zustand des Gestorbenseins zu Lebzeiten zu
erreichen.

Weiter oben (siehe S. 70 f.) habe ich an Nietzsches Ein-
spruch gegen das Abschiedswort des Sokrates erinnert: »wir
sind dem Asklepios einen Hahn schuldig« – nun sollen einige Implikationen dieses Ausspruchs erläutert werden. In
der Sache brauchte Nietzsche seinem Widersacher Sokrates
nichts in den Mund zu legen. Der sterbende Weise ließ es
an Explizitheit nicht fehlen, um den ihn im athenischen
Kerker umgebenden Freunden seine Gelassenheit, ja seine
Heiterkeit bei der Aussicht auf den baldigen Tod zu erklären. Schon in diesem Moment kommt das Motiv der
Reinigung ins Spiel, das, wie wir bei den Hinweisen auf

Husserl gesehen haben, obgleich in veränderter Abschattung, noch im Denken des 20. Jahrhunderts mit einer bedeutenden Rolle bedacht worden war. Sokrates rechtfertigt seine provokative Sterbebereitschaft vor seinen Freunden mit folgenden Aussagen:

»Alle die, welche sich mit der Philosophie richtig befassen, beschäftigen sich offenbar, ohne daß die anderen es merken, eigentlich mit nichts anderem als mit dem Sterben und mit dem Totsein. Ist dem nun so, dann wäre es doch widersinnig von ihnen, das ganze Leben hindurch kein anderes Ziel vor Augen zu haben, wenn es aber dann so weit ist, über das unwillig zu sein, was sie so lange begehrt und worum sie sich bemüht haben.«[35]

Der Ausdruck »Totsein« zielt auf das Erleiden einer willkommenen Reinigung:

»Die Reinigung besteht aber doch darin, daß wir die Seele ... so viel als möglich vom Leibe trennen und sie daran gewöhnen, sich allerseits von ihm zurückzuziehen und sich zu sammeln und sowohl in diesem wie im künftigen Leben möglichst allein für sich zu wohnen, gleichsam befreit von den Banden des Leibes?

... gerade das ist doch ihr Bestreben, die Loslösung und Trennung der Seele vom Leib, oder nicht?

Wäre es also nicht lächerlich, wie ich schon anfangs sagte, wenn sich ein Mensch das ganze Leben hindurch bemühte, so zu leben, daß er dem Totsein ganz nahe ist, und er

35 Phaidon 9.

sich dann unwillig gegen den Tod sträuben sollte, wenn er wirklich an ihn herantritt?«[36]

Zur Motivierung des Reinigungsbedürfnisses weist Sokrates auf die störende, um nicht zu sagen erkenntnisverhindernde Funktion des leiblichen Daseins hin: Nie könne »unsere Jagd nach dem Seienden« ans Ziel gelangen, solange die Seele mit dem Übel, im Leibe gefangen zu sein, belastet bleibe. Denn

»... mit Liebesverlangen, mit Begierden, mit Furcht, mit allerlei Illusionen und mit mancherlei Torheit erfüllt uns der Leib, so daß er uns, wie man zu Recht zu sagen pflegt, ja wirklich gar nicht zur Vernunft kommen läßt.«[37]

Folglich wäre wahres Erkennen ohne Entkörperung undenkbar.

»Und das kann doch wohl der am reinsten tun, der am meisten nur mit dem Denken an jedes Ding herantritt und dabei weder die Augen zu Hilfe nimmt noch irgendein anderes Sinnesorgan beim vernünftigen Überlegen beizieht, sondern einzig und allein mit dem reinen Nachdenken ein jedes Ding ganz in seiner Wesensart erfassen will, möglichst ohne die Augen und ohne die Ohren, sozusagen ganz ohne Leib, weil der Leib die Seele verwirrt und sie die wahre Erkenntnis nicht erlangen läßt, solange er mit ihr Gemeinschaft hat ...«[38]

Sokrates legt sich hier mit einer staunenerregenden Einseitigkeit auf einen strikt intellektualistischen Begriff von Er-

36 Phaidon 12.
37 Phaidon 11.
38 Phaidon 10.

kenntnis fest, zu welcher die »sinnliche« Anschauung, um diesen konventionellen Ausdruck zu wählen, außer Störungen, Ablenkungen und Verzerrungen nichts beizutragen hätte. Warum Platon einen Sokrates auftreten läßt, der im Angesicht des Todes dergleichen Bekenntnisse ablegt, bleibt sein Geheimnis. Im überlieferten Bild des Weisen gibt es ansonsten keinen Zug, der Zuspitzungen dieses Typs wahrscheinlich macht. Während Sokrates nach der Summe der Zeugnisse in heutiger Terminologie als ein Ethiker zu charakterisieren wäre, der mit seinen Mitbürgern zeitlebens Fragen nach dem richtigen Leben verhandelte, tritt er hier plötzlich als Verfechter eines rigiden mathematischen Ideals auf, der nichts Besseres zu tun weiß, als an das Universum der diskutablen Dinge, der physischen wie der moralischen, die Maßstäbe der Geometrie und Arithmetik anzulegen. Es scheint geradezu, der Moriturus im Athener Gefängnis habe sich wenige Stunden vor seiner Hinrichtung von einem skeptischen Sucher nach Gerechtigkeit in einen engstirnigen Physiker verwandelt, der obendrein einem dogmatischen Metaphysiker gehorcht: einen Physiker, der alle Dinge nach dem Modell vereinzelbarer Festkörper auffaßt, um sie auf die Primärqualitäten von Figur, Zahl, Größe, Lage, Ruhe und Bewegung zu reduzieren, indessen sämtliche von den »Sinnen« gelieferten Informationen über die Beschaffenheit von Gegenständen und Umständen und erst recht alle immersiven Größen wie Gefühle, Anmutungen, Stimmungen und Atmosphären als lästige Trugbilder beiseite geschoben werden müßten; einen Metaphysiker, dem wie über Nacht nichts sicherer erscheint, als daß die

Denkseele unabhängig vom sensiblen Körper existiert und nach der Trennung von diesem zu einer separaten Existenz berufen ist, und dies mit um so mehr Aussicht auf Erfolg, wenn sie sich rechtzeitig um die Lösung der Bindungen an ihren physischen Träger bemüht hat. Daher die Forderung, der Mensch der Theorie solle so leben, daß er dem Tot-sein so nahe komme wie möglich. Nur der in diesem Sinn sich »selbst«, seinem Körper und seiner Mitwelt im voraus Abgestorbene, der gut getarnte Scheintote, wäre imstande, seine leiblichen Regungen und alle »Stellungnahmen« sei-ner physischen Subjektivität einzuklammern und noch im Leib lebend haltbare Erkenntnisse zu gewinnen, als wäre er bereits zu einem »jenseitigen« desinteressierten Schauen befreit – und Schauen heißt hier: geometrische Urbilder (zum Beispiel die Vielflächer) intuieren und transzendente Signifikate (zum Beispiel die Idee der Gerechtigkeit) me-ditieren.

Man kann Platons Coup beurteilen, wie man will – als treue und geniale Fortbildung von Ansätzen, die bei Sokra-tes in der Latenz verblieben waren, oder als zudringliche Fiktion über einem Abgrund von Illoyalität und Hysterie, in welcher der Schüler seinen Lehrer Dinge sagen läßt, die dieser zu äußern sich geweigert hätte: Es läßt sich nicht leugnen, daß die platonische Stilisierung des besonnenen Lebens als Vorlaufen in den schönen Tod der Theorie un-geheure Konsequenzen nach sich ziehen sollte. Ungeheuer ist, was Monstren zeugt und was Epoche macht – beides kann über die Wirkungen gesagt werden, die von den eben zitierten Passagen des *Phaidon* ausgegangen sind. Wenn man den Verlauf der europäischen Geistesgeschichte bis an die Schwelle zum 20. Jahrhundert *summa summarum* als eine Prozession von imaginären Scheintoten beschreiben darf, die sich dem theoretischen Leben verschrieben haben, monastisch und laïkal, professoral und zivil, ethisch und ästhetisch, dann beweist dies die unermeßliche Suggestivität der platonischen Lehre von der Vorwegnehmbarkeit des Zustands, in dem die Denkseele »desinteressiert«, »mortifiziert« und »abgetrennt« wird.

Ob es noch nötig ist, zu betonen, wie fatal die Verkünstlichung der Erkenntnis durch den reduktionistischen Idealismus der alten Akademie für die Geschichte der okzidentalen Rationalitätskultur werden sollte? Der Logos des Westens war durch die griechischen Vorentscheidungen zu einer pathetischen Verarmung aller Weltbezüge vorverurteilt, und bis heute stehen das wissenschaftliche wie das philosophische Denken im Schatten dieser Fatalität – indessen Formen eines reicheren (wenn auch weniger »operativen«) Weltwissens in der erzählenden Literatur, in der Poesie, in den Künsten, in der Normalsprache, in den Sprichwörtern, in den Mythen und den Gemeingeistkonzepten der »Religionen« fortleben. Es gehört zu den Ironien unserer intellektuellen Zivilisation, daß sie seit geraumer Zeit – spätestens seit dem Tode Hegels – einen Großteil ihrer Energie in die Aufgabe investieren mußte, die Vereinseitigungen, die Verkünstlichungen, die Verkürzungen, die Verzerrungen, die Verstiegenheiten und die Verblendungen zu korrigieren, die sie infolge ihrer anfänglichen Mißgriffe selbst erzeugt hatte. Wie man von iatrogenen Krankheiten

spricht, kann man auch von szientogenen oder gar philoso-
phogenen Verkennungen sprechen – und philosophisches
Denken, im besseren Sinn des Wortes – manches deutet
darauf hin –, findet heute fast nur noch an Orten statt, an
denen man die Philosophie als Fach und Schulregime wie
eine überwundene Krankheit auf sich beruhen läßt.

Es sei an dieser Stelle betont, daß ich Platons Seelen-
metaphysik vor allem aus didaktischen oder illustrativen
Gründen herausgehoben habe. Ihr gehen Mythen und
Mystiken voraus, in denen der Tod zu einer bedeutungs-
schweren Pantomime erhoben wurde – etwa die Legende
vom Sprung des Empedokles in den glühenden Ätnakrater
oder die Sage vom Tod des Heraklit, der sich am Ende
seines Lebens mit Kuhmist bedeckt und selber angezün-
det haben soll. Die philosophische Feuerliebe hat eine Geschichte, die weit ins erste Jahrtausend vor der Zeitenwende
zurückreicht und auch in unseren Tagen nicht beendet ist.
In dieser gesamten Spanne erwies sich die Rede vom Flammentod selbst als ein Spiel mit dem Feuer: Die sublimen
Verbrennungs- und Verwandlungsmetaphern provozieren
gelegentliche Rückfälle in den Literalismus, den man in
unseren Tagen »fundamentalistisch« nennt. Gerade weil
der Rückfall nie ganz ausgeschlossen ist, liegt im Zug zur
vergeistigenden Übersetzung ein zivilisatorischer Impuls.
Selbst Goethe fand an dem hohen Spiel Gefallen, als er
in dem Gedicht *Selige Sehnsucht* das Leben preisen wollte, das »nach Flammentod sich sehnet«. Die Esoterik des
Divans wußte sich mit den ungestehbaren Geheimnissen
großer Theorie verwandt: Todessehnsucht ist die Chiffre

des Verlangens nach höherem Leben – sie läßt aber offen, ob ein solches Leben, wenn es denn das Prädikat »höher« verdiente, nicht ausschließlich als ein in sterblichen Körpern einquartiertes Leben zu denken wäre.

Nach diesem Hinweis auf die Quelle des Scheintod-Motivs darf ich mich im folgenden mit einigen exemplarischen Fußnoten zu den Etappen seiner Entfaltung in der alteuropäischen Überlieferung begnügen – was darüber hinausginge, würde den gegebenen Rahmen sprengen.

Als ersten Zeugen für die Metamorphosen des Scheintod-Motivs in der nachgriechischen Überlieferung möchte ich Marcus Tullius Cicero aufrufen, den Verfasser der *Tusculanischen Disputationen*. Es ist bezeichnend für den Stand der Sache, daß Cicero bei seinem Versuch, die Philosophie rund dreihundertfünfzig Jahre nach Platons Gründung der Akademie bei den bis dahin theorie-immunen Römern einzubürgern, sich zielsicher jene legendenhaften Reden der griechischen Stifterfiguren aneignet, die am besten geeignet sind, das philosophische Leben auf eine Ethik des Zuschauens zu gründen. So beschwört er im Herbst des Jahres 45 v. Chr. – auf dem Höhepunkt von Caesars Alleinherrschaft und angesichts seiner soeben erfolgten gewaltsamen Entfernung aus der Politik – Pythagoras herauf, um von ihm ein Gleichnis zu kolportieren, durch welches die vornehme Berufung der Kontemplativen bewiesen werden soll, gleich ob sie freiwillige Eremiten oder unfreiwillige Marginalisierte sind. Auf die Frage eines befremdeten Provinzfürsten, was denn das sei, ein Philosoph, habe Pythagoras geantwortet:

»das Leben der Menschen scheine ihm gleich zu sein wie jener Markt, der im ganzen Glanz der Spiele und in Anwesenheit ganz Griechenlands abgehalten zu werden pflege. Denn wie dort die einen mit trainierten Körpern den Ruhm und die Ehre eines Kranzes erstrebten, andere mit Aussicht auf Gewinn und Profit durch Kauf und Verkauf angelockt würden, und es endlich eine besondere Gruppe gebe, die die vornehmste sei und weder nach Beifall noch nach Gewinn strebe, sondern um des Schauens willen gekommen sei und aufmerksam betrachte, was geschehe und wie, ebenso seien auch wir gleichsam aus einer Stadt in irgendeinen belebten Markt gekommen, nämlich in dieses Leben aus einem anderen Leben und einer anderen Natur, und die einen dienten nun dem Ruhm, die andern dem Gelde. Es gebe aber einige seltene, die alles andere verachteten und die Natur der Dinge aufmerksam betrachteten. Diese nennen sich Liebhaber der Weisheit, eben Philosophen. Und wie jenes das vornehmste sei, zuzuschauen, ohne für sich etwas zu erstreben, so rage auch im Leben die Betrachtung und Erkenntnis der Dinge weit über alle anderen Beschäftigungen hinaus.«[39]

Man kommt nicht umhin, dieses bekannte Olympia-Gleichnis zu zitieren, wenn es zu erklären gilt, wie die hellenisch-semi-orientalische Scheintod-Metaphysik Platons in den lateinischen Westen transplantiert wurde. Auf eng-

39 Marcus Tullius Cicero, Gespräche in Tusculum, Übersetzung, Kommentar und Nachwort von Olof Gigon, Stuttgart 1985, S. 168.

stem Raum drängen sich in diesem Stück alle Stereotypen, den *bios theoretikós* betreffend: zuerst die Dreiteilung der Menschheit in Ehre-Suchende (Thymotiker oder Politiker), Geld-Suchende (Erotiker oder Chrematistiker) und Wahrheit-Suchende (Theoretiker oder Philosophen); sodann die Erhebung des dritten Menschentyps in den ontologischen Adelsstand; und schließlich die Motivierung aller drei Typen durch die Seelenwanderung, da es von ihnen *expressis verbis* heißt, sie seien in dieses Leben aus einem anderen Leben »gekommen«. Hieraus läßt sich im übrigen schließen: Auch die antike mittelmeerische Welt war lange Zeit dem Charme der östlichen Reinkarnationsethik zugänglich, die den Sterblichen stets eine zweite oder dritte, wenn nicht gar eine hundertste oder tausendste Chance anbietet, indem sie lange Wanderungen durch viele irdische Leben in Aussicht stellt. Ein halbes Jahrtausend später erst setzte sich in der westlichen Hemisphäre das metaphysische Dogma des Einmal-Lebens und Einmal-Sterbens definitiv durch, mit der Konsequenz, daß nun alle moralisch wesentlichen Entscheidungen in ein einziges Leben zusammengedrängt werden müssen – wodurch an die Stelle der epischen Reinkarnationssorge die dramatische Höllenangst tritt (im übrigen ein Basisfaktor dessen, was man »politische Theologie« nennt und was man sachgerechter als imperiales Todesangstmanagement bezeichnen sollte).

Cicero war in seiner Eigenschaft als Philosophie-Importeur von den Vorzügen des betrachtenden Lebens griechischen Stils schon so sehr eingenommen, daß er die selbstsabotierende Botschaft des Olympia-Gleichnisses willentlich überhörte: Wie jeder weiß, bilden bei sportlichen Wettkämpfen die Zuschauer so gut wie immer die bei weitem größte Gruppe, und man dürfte nie in einem griechischen Stadion oder gar einer römischen Arena gewesen sein, wenn man ausgerechnet von ihnen behaupten wollte, sie stellten die vornehme Fraktion dar. Somit ist eines evident: Das Gleichnis hatte als Vehikel für eine Suggestion zu dienen, die ihre Plausibilität aus bewußt verschwiegenen Quellen bezog. In Wahrheit ging es dem Autor darum, sich selbst zum theoretischen Leben Mut zu machen, nachdem für Leute wie ihn auf der praktischen Bühne seiner Zeit kein Platz mehr war. Cicero hatte als erster einsehen müssen, wie nun Rom seinerseits reif für die Philosophie wurde. Auch hier würde man ab sofort erhabene Ideologien für das meditative Privatleben brauchen. Selbst wenn der von Cicero gewählte Adressat der *Tusculanischen Disputationen*, Marcus Brutus, zu diesem Zeitpunkt den Kopf der Gruppe von Verschwörern bildete, die nur wenige Monate nach der Niederschrift dieses Gründungsdokuments »römischer Philosophie« den Alleinherrscher Caesar mit dreiundzwanzig Dolchstichen in der Curie des Pompeius niederstreckten, so änderte dies am Lauf der Dinge nichts: Der Zug zur monarchischen Weltform ließ sich nicht aufhalten. Sobald der caesarische Zentralismus sich durchsetzte, drängte er die Träger der alten *res-publica*-Gesinnung an den Rand und machte sie zu bloßen Beobachtern des imperialen Schauspiels. Auch in Rom ging das »politische« Zeitalter in dem Moment zu Ende, als seine Bürger Grund hatten, sich von ihrem eigenen Staatswesen besiegt zu fühlen. Von da an können selbst die weitgehend theorie-resistenten Römer ein gewisses Maß an kontemplativer Kultivierung nicht entbehren. Cicero erwies sich in seinem tuskulanischen Retreat als der richtige Mann, um die ihrer Entmachtung entgegensehenden Bürger seines Landes auf die Vorteile der *vita contemplativa* vorzubereiten. Die Wende zum besinnlichen Dasein war einen Denkfehler wert: Cicero schreckte nicht davor zurück, dem künftigen römischen Zuschauer einen erhabenen Nimbus zu verschaffen, indem er mit Pythagoras aus den vielen im Stadion die wenigen im Studium machte. Durch die Aristokratisierung der Kontemplation tritt nun sogar auf dem rauhen römischen Boden das noble Phantom des sinnlich desinteressierten Gesamtbeobachters in Erscheinung. Auch in der lateinischen Sphäre, sonst eher für ihre handfesten Reflexe bekannt, rühren sich die reflektierenden Scheintoten, die aus einem anderen Leben in dieses Leben eingewandert sind. Ihnen wird man in der okzidentalen Rationalitätskultur während der folgenden zwei Jahrtausende auf Schritt und Tritt begegnen. Sie geben den Beobachtern im Inneren der alteuropäischen Täterkultur die Gewißheit, die Sonne des Bewußtseins scheine gleichmäßig über die besten wie die schlimmsten Taten.

Ich überspringe das christliche Mittelalter, das sein Interesse am Scheintod als Streben nach Heiligkeit zu Lebzeiten artikulierte, und wähle als nächstes ein Beispiel aus dem späten 16. Jahrhundert. Es stellt einen herausragenden Passus aus Giordano Brunos Abhandlung *Degli heroici furori* dar, die während des England-Aufenthalts des Autors um die Mitte der achtziger Jahre entstand und 1585 mit der fingierten Druckortangabe Paris erschien, zwei Jahre vor dem Erscheinen des deutschen Volksbuchs *Historia und Geschicht Doctor Johanni Fausti*. Sie zeigt, wie das Denken der beginnenden Neuzeit sich das klassische Scheintod-Schema im Geist einer subversiven Dynamisierung aneignet. Sie rettet die Kontemplation nicht nur vor dem Verdacht der mönchischen Weltflucht und der intellektualistischen Fadheit, sie lädt das betrachtende Leben mit schwärmerischen oder, wie Bruno sagt, mit »heroischen« Energien auf, wobei es ihm kaum um die Verherrlichung des Tatmenschentums gegangen sein dürfte, das in der Condottieri-Zeit seinen Auftritt gefeiert hatte. Bruno preist die Enthusiasmen, die in die sterbliche Hülle des künstlerisch begabten Scheintoten einströmen, um ihn mit überquellendem Ideenleben zu erfüllen. Bezeichnend für die dynamistische Aufladung des spirituellen Todes ist vor allem seine Neudeutung des von Ovid und anderen Autoren überlieferten Mythos über den Jäger Aktaion: Einst überraschte der junge Mann auf einem seiner Streifzüge durch den Wald die Göttin Diana nackt beim Bade, woraufhin die erzürnte Unsterbliche ihn mit Wasser besprengte und in einen Hirsch verwandelte – sogleich wurde er von den eigenen Jagdhunden in Stücke gerissen.[40] In der neoplatonischen Tradition zog man aus dieser Erzählung die Lektion, der Irrtum des profanen Verstandes bestehe darin, die göttlichen Dinge unter der

40 Ovid, Metamorphosen, 3. Buch, Vers 131-252.

Form äußerer Gegenständlichkeit begaffen zu wollen: Wer nämlich die hohen Wahrheiten recht erfaßt, wird selbst in das Erfaßte verwandelt. Er hört auf, das danebenstehende Subjekt zu bleiben, das er in seinem unerleuchteten Dasein war. Er stirbt als Profanmensch und überlebt als glücklicher Gewinner beim Tausch des trivialen Daseins gegen das Leben des Geistes in ihm. Bruno kommentiert diesen Vorgang wie folgt:

> »So geschah es, daß Aktaion mit seinen Gedanken, seinen Hunden, das Gute, die Weisheit, die Schönheit, das Wild des Waldes außerhalb seiner selbst suchte; sobald er aber ihrer ansichtig wurde, ward er durch so große Schönheit sich selbst entrückt und zur Beute gemacht und sah sich in das verwandelt, was er gesucht hatte; und er wurde sich bewußt, daß er selber zur begehrten Beute seiner Hunde, nämlich seiner Gedanken wurde, denn da er die Gottheit wie einen Inbegriff in sich besaß, brauchte er sie nicht außerhalb seiner zu suchen ... Und während er zuvor ein gewöhnlicher und alltäglicher Mensch war, wird er nun selten und heldisch, hat seltene Sitten und Vorstellungen und führt ein außergewöhnliches Leben ...

> ... Denn bei allen anderen Arten der Jagd ... gelangt der Jäger schließlich dazu, diese anderen Dinge an sich zu reißen ... bei jener göttlichen und allumfassenden Jagd aber vollzieht sich das Fangen so, daß auch er notwendigerweise gefangen, aufgesogen und geeint wird ...

> ... So rühmt der von der Leidenschaft Ergriffene sich, die Beute Dianas geworden zu sein, ihr geliebter Gatte und ihr Gefangener und Unterjochter glaubt er zu sein,

allzu glücklich, als daß er einen anderen Menschen zu beneiden hätte …«[41]

Man hat in den üblichen Ideengeschichten der Neuzeit zuwenig darauf geachtet, wie gerade in dieser Epoche, die man mit dem Aufstieg des Bürgertums assoziiert, die Träger des Theorieprozesses sich einer artifiziellen, durch Enthusiasmus ausgewiesenen Aristokratie anzugliedern versuchten. Von dieser sind heute nur noch die Ruinen des Geniekults übrig. Man hat vergessen oder nie bedacht, daß Genialität in der Renaissance als neopaganes Substitut der christlichen Heiligkeit lizenziert worden war – beide jedoch, Heiligkeit wie Genialität, waren ihrerseits epochentypische Neuauslegungen des antiken Scheintod-Konzepts: Hier wie dort sollte der Einzelne sein profanes sterbliches Ich ablegen, um es gegen ein unzerstörbares geistseelisches Selbst auszutauschen. Dieser Tausch fügt den mittelalterlichen Menschen in die Gemeinschaft der Heiligen ein; bei den Individuen der frühen Neuzeit kommt er einer Aufnahme in den Hochadel des »Furors« gleich. Die aktivistische Orientierung der Renaissance machte sich in Brunos Lehre von den heroischen Ergriffenheiten durch die Verschiebung des Akzents von der meditativen Versenkung auf den kreativen Elan geltend. Das Bild von dem zerfleischten Jäger verdeutlicht das Passionsrisiko der geisterfüllten Existenz. An die Stelle der antiken Seelenruhe tritt die mediale Überwältigung durch die Taten und Leiden der Idee.

41 Giordano Bruno, Heroische Leidenschaften und individuelles Leben, herausgegeben von Ernesto Grassi, Hamburg 1957, S. 74, 75, 76.

Ihren Höhepunkt erreicht die neuzeitliche Begeisterungskultur im Werk Johann Gottlieb Fichtes. So wie Brunos Aktaion-Mythos einen dynamisierten Scheintod für die aufsteigende kreative Klasse des 16. Jahrhunderts ins Angebot stellte, brachte Fichte ein völlig neues, ganz auf Angriff und Initiative umformuliertes Scheintod-Design für das Bürgertum des frühen 19. Jahrhunderts in Umlauf. Wenn die neue Klasse sich anschickte, die antike und mittelalterliche Ergebenheit in den Weltlauf zu überwinden, um der modernen Leidenschaft der Weltgestaltung, ja der bewußten Lenkung des Geschichtslaufs Raum zu geben, so durfte sie hierin auf die ungeteilte Sympathie des Philosophen zählen. Doch sollte es für die zum Handeln Berufenen nicht bloß bei einem konfusen Plänemachen, einem halbklaren Geschäftemachen oder einem prätentiösen Staatenmachen bleiben. Es war Fichtes folgenschwere Einsicht, den entfesselten Ambitionen der Modernen müsse ein moralisches Auge eingesetzt werden: Erst dieses vermöchte den Kräften des Alles-ändern-Wollens einen unfehlbaren Richtungssinn zu verleihen, verankert im selbstevidenten Sollen des Guten.

Bei einem Vorhaben von solcher Anspruchshöhe konnte der Rückgriff auf die Tradition der platonischen Scheintod-Übungen nicht fehlen. Nach innen führt auch hier der geheimnisvolle Weg – er leitet zur Selbstbeobachtung des Denkens an und fördert den Rückzug des Subjekts aus seiner üblichen Selbstverlorenheit. Wie Fichte in eindringlichen Demonstrationen darlegt, folgt diese aus der »unbewußten« (hier taucht dieser für die moderne Reflexionskultur so folgenschwere Terminus erstmals mit systematischer Betonung auf) Hingabe des Denkens an die Vorstellungen der äußeren Dinge. Dementsprechend besteht auch diesmal die Übung aller Übungen in einer *epoché*-artigen Distanzierungsbewegung. In stetiger Aufmerksamkeit des Denkens auf sein eigenes Tun wird seine fatale unbewußte Entäußerung an scheinbar von ihm unabhängige Größen widerrufen, der Glaube an den Primat der Außenwelt systematisch abgebaut, alle Manöver des Sich-durch-Äußeres-bestimmt-Denkens werden aufmerksam durchschaut und alle Rückfälle in den Aberglauben an unabhängige Objekte immer von neuem unterbunden, bis die letzten Reste von Selbstvergessenheit des Bewußtseins eliminiert sind. Hier stellt sich der Idealismus ein pures Exerzitium des Aufmerksamwerdens des Geistes auf sein eigenes Operieren vor. Hat sich das Denken von allem Objektivismus losgerissen und jedem Fetischglauben an ein vorgängiges, autonomes Sein abgeschworen, tritt es, nach Fichte, in eine Zone absoluter Freiheit ein. In ihr erlischt das bisherige weltverfallene Ich und wird durch eine unbedingte, von Bewußtsein erhellte Lebendigkeit »endogener« Art ersetzt. Von nun an ist der Wissende ein reiner Funktionär des Absoluten. Er versteht sich als einen Strahl, der aus dem jedem Ich vorgelagerten Göttlichen in die Erscheinungswelt hervorgeht. Er begreift sich als einen bevollmächtigten Agenten der Idee und lebt auf Erden als ein von höchsten Motivationen erfüllter Scheintoter.

Neu ist an diesem Auftritt die Radikalität der Umstellung von Kontemplation auf Offensive. Fichte erläutert den von

ihm angepriesenen, zugleich ausgelöschten und überleben-
digen *modus vivendi* am Beispiel des »Regenten«, den sich
der Philosoph als einen von der Wissenschaftslehre erleuch-
teten Machthaber vorstellt. Über ihn heißt es in der achten
Erlanger Vorlesung *Über das Wesen des Gelehrten und seine
Erscheinung im Gebiete der Freiheit* aus dem Sommerseme-
ster 1805:

> (der Regent) »anerkennt sich für einen der ersten und
> unmittelbarsten Diener der Gottheit, für eines der kör-
> perlich existierenden Gliedmaßen, durch welche sie ge-
> radezu eingreift in die Wirklichkeit …. Er will niemals
> bloß, daß etwas geschehe, sondern daß geschehe, was die
> Idee will. Solange diese ihm schweigt, schweiget auch Er,
> denn für sie allein hat er die Sprache … Auf diese Wei-
> se ergreift und durchdringt ihn die Idee ganz, durchaus
> und ohne Rückhalt, und es bleibt nichts übrig von seiner
> Person und seinem Lebenslaufe, das nicht in ihr als ein
> immerwährendes Opfer fortbrenne. Und so ist er denn
> die unmittelbarste Erscheinung Gottes in der Welt.«[42]

Die Vermutung scheint legitim, Fichte habe mit dieser
Skizze ein indirektes Selbstportrait gezeichnet – allzu deut-
lich sind die Analogien zwischen einem selbstlosen politischen Regenten an der Spitze des Gemeinwesens und
einem logischen Regenten vor einem mitgerissenen Audi-
torium. Hier tritt uns eine Reflexionsgestalt des nachmals
so genannten Fundamentalismus entgegen, sofern durch
diesen Ausdruck ein Handeln aus vorgeblicher göttlicher

---

42 Fichtes Werke, Band VIII, Berlin 1971, S. 81 f.

Vollmacht bezeichnet wird – mit der Nuance, daß die üblichen Bekenner von Fundamentalismen sich eilig unter mutwillig überhöhte Autoritäten beugen, seien es heilige Schriften oder geistliche Führer. Das Fichtesche Handeln will hingegen ganz endogen aus unvertretbaren Evidenzen des Denkenden erzeugt werden.

Von dieser Philosophie geht keine Einladung zum beschaulichen Leben mehr aus: Sie sendet Einberufungen in den heiligen Krieg zur vernunftgemäßen Weltgestaltung aus. Als Vorausverstorbene haben die Teilnehmer am Feldzug der Sittlichkeit (der bei Fichte anders als bei Marx ohne Endsiegidee in eine auf alle Zeit offene Zukunft weiterläuft) für ihre eigene Person nichts zu fürchten. In der Schrift über die *Bestimmung des Menschen* von 1800 wird vorgeführt, wie es aus ihnen redet, sobald sie den Durchbruch ins Geisterreich vollzogen haben:

»Die Fäden, durch welche mein Gemüth bisher an diese Welt angeknüpft war ... sind auf ewig zerschnitten, und ich stehe frei, und selbst meine eigene Welt, ruhig und unbewegt da ... Das sichere Ende alles Schmerzes und aller Empfänglichkeit für den Schmerz ist der Tod; und unter allem, was der natürliche Mensch für ein Uebel zu halten pflegt, ist es mir dieser am wenigsten. Ich werde überhaupt nicht für *mich* sterben, sondern nur für *andere* – für die Zurückbleibenden, aus deren Gemeinschaft ich gerissen werde; für mich selbst ist die Todesstunde Stunde der Geburt zu einem neuen herrlicheren Leben.«[43]

43 Fichtes Werke, Band II, Berlin 1971, S. 311 und 315.

Der Fichtesche Übermensch ist ein Übertoter, der lebendiger wäre als alle gewöhnlichen Lebenden. Ja, das Verhältnis zwischen den Lebenden und den Scheintoten kehrt sich um: Die Nicht-Idealisten sind eigentlich die Toten, die sich in ihrer biologischen Hülle durch die Welt schleppen, indessen die zum Real-Idealismus Erwachten die wahrhaft Lebenden verkörpern. Die letzten verständlichen Worte, die Fichte vor seinem Tod Ende Januar 1814 gesprochen haben soll, lauteten nach dem Zeugnis seines Sohnes: »ich fühle, daß ich genesen bin«. Ohne den Ausdruck zu benutzen, geht Fichte in seinen späteren Schriften immer entschlossener auf eine Angelisierung des Wissens zu. Mit seiner These: »Wir bedürfen keiner Träger des Wissens, sondern dasselbe ist ... zu betrachten als sich selbst tragend«[44] durchschneidet er das Band zwischen dem empirischen Menschen und dem in ihm zu erzeugenden Wissen vom Unbedingten. Der Mensch ist nur ein Mittel zu dem Engel, der er sein kann, wenn er sich dazu macht. Der vom Wissen aufgehellte Wille nimmt die Welt allein als Material zu einer Verbesserung ohne Grenzen hin.

Wer dagegen meint, das Wissen sei »ein Accidens irgendeines Menschen, der das Wissen habe«,[45] bleibt unfähig, einen philosophischen Gedanken zu fassen, denn philosophisch denken heißt für Fichte alle dogmatischen Voraussetzungen im Bewußtsein aufheben. Folglich gilt es, auch den von Nicht-Philosophen wie von schlechten Philoso-

44 Fichtes Werke, Die Thatsachen des Bewußtseins, 1810, in: Werke II, a. a. O., S. 688.
45 Ebenda, S. 689.

phen so hartnäckig vorausgesetzten »Menschen« in die Aufhebung einzubeziehen. Wir wissen von dem sogenannten Menschen nichts, solange wir vom Wissen nichts wissen. Auch dadurch, daß Menschen sich schnell gegenseitig als ihresgleichen anerkennen, ist nichts gewonnen, weil sie damit nur zu inter-ignoranten Bündnissen gelangen, die sich als »Dialog« feiern. Die Flucht in die »Intersubjektivität« führt nirgendwohin außer in die gemeinsame Konfusion.

Fichte hat einen Großteil der Philosophie im 20. Jahrhundert im voraus auf zwei Zeilen abgekanzelt. Er hat den Konsensualismus gewogen und philosophisch zu leicht gefunden. Aus seiner Perspektive käme es darauf an, je in den Einzelnen zur Ebene unbedingter, quasi engelhafter Freiheit durchzubrechen, dann erst könnten Kooperationen zwischen parallelen Enthusiasmen in Betracht kommen. »Intersubjektivität« ist ein Trugbild für die Halbintelligenz, über inter-illuminierte Beziehungen hingegen ließe sich reden. Nicht der Mensch hat das Wissen, sondern, so Gott will, hat das Wissen den Menschen. – Ich denke, es erübrigt sich, zu erklären, wieso dieses Design für den kognitiven Scheintod von Menschen des bürgerlichen Zeitalters weder im 19. noch im 20. Jahrhundert eine nennenswerte Nachfolge gefunden hat.[46]

46 Die einzige Ausnahme, die Münchener Fichte-Schule um Reinhard Lauth (1919-2007), blieb eine verlorene, avantgardistisch-reaktionäre Enklave. An Professor Lauths späterer islamophiler Entwicklung läßt sich ablesen, wie der Fichteanismus in einen Djihadismus übergehen kann.

Zuletzt möchte ich die ästhetizistische Umformung der alteuropäischen Überlieferungen hinsichtlich des kognitiven Scheintod-Schemas bei Paul Valéry erörtern, den viele Kenner der Literaturgeschichte für den größten französischen Dichter des 20. Jahrhunderts halten. Um das Jahr 1894 hatte der damals 23jährige während seines Aufenthalts in Montpellier begonnen, Ideen zu einer Kunstfigur zu sammeln, die alle Merkmale einer vollkommen intellektualisierten Existenz vereinigen sollte. Die kühne Gestalt trug den Namen *Monsieur Teste* – was sowohl »der Kopf« als auch »der Zeuge« bedeuten mochte. Sie diente ihrem Autor als Versuchsperson für das Experiment einer Existenz, die sich der Klarheit verschrieben hätte. Klarheit ist eine anti-vitale Maxime, die auf die Eindämmung des Lebens durch den Geist zielt – und hierdurch eine Erhöhung des Lebens bewirkt. Valérys intellektuelle Puppe war gleichsam der Prototyp für all jene real existierenden Männer ohne Eigenschaften, die dem 20. Jahrhundert ihren Besuch abstatteten – von Robert Musil über Fernando Pessoa bis zu Max Bense. Von demselben Jahr an, als der Autor seine Experimente mit der Figur des Monsieur Teste aufnahm, entwickelte er die Gewohnheit der permanenten Selbstanalyse, deren literarische Spuren das Genre der Denktagebücher inaugurierten. Seine *Cahiers*, Resultate einer über fünfzig Jahre fortgesetzten Morgenmeditation in Schriftform, stellen ohne Zweifel das intensivste Zeugnis einer im ständigen Exerzitium zugebrachten geistigen Existenz dar, welches das 20. Jahrhundert kannte – sie umfassen in der 29bändigen Faksimileausgabe des *Centre National de la Recherche*

Scientifique von 1957 bis 1961 über 26 000 Seiten.[47] Hiervon sind etwa dreitausend in der von Valéry selbst redigierten, nach »Themen« bzw. fokalen Begriffen gruppierten Version der *Cahiers* enthalten.[48]

Monsieur Teste verkörpert eine Kunstfigur, in welcher der Platonismus mit dem Dandyismus eine vollkommene Synthese eingeht. Man kommt ihrem Wesen, besser: ihrem Design am nächsten, wenn man sich vorstellt, wie Edgar Allan Poe die Gestalt des Sokrates beschrieben hätte, wäre er des Privilegs teilhaftig geworden, bei der Sterbeszene des Philosophen zugegen zu sein. Unter seiner Feder wäre ein Monstrum auf der Grenze zwischen Tod und Leben entstanden – diesmal nicht im Modus einer mesmeristischen Schauererzählung wie in *Der Fall Waldemar*, sondern im Geist einer logischen Artistik. In diesem Roman der experimentellen Philosophie drehte sich alles um das Ernstmachen mit dem Vorrang der Theorie vor dem Leben und mit der Abtrennung der Denkseele von ihrem biologischen Träger. Poes Sokrates ginge über den Platons vor allem in einem Punkt hinaus: Der Weise würde den Hinweis auf die Trennung des Intellekts vom leiblichen Leben nicht erst am Tag seiner Hinrichtung ausplaudern. Er hätte nicht bis ins Greisenalter gewartet, um das Geheimnis seines *modus vivendi* zu verraten. Er würde aus der Entdeckung des

47 Eine devote Aufzählung der 261 Schreibhefte, die Valéry zwischen 1894 und 1945 mit seinen Notizen füllte, bietet der Anhang zum Band I der Ausgabe der Cahiers in der Bibliothèque de la Pléiade, Paris 1973, S. 1374-1415.
48 Zwei Bände, Paris 1973, 1974.

kontra-vitalen Prinzips Geist eine Sache der Jugend und der besten Kräfte machen. Er ließe es darauf ankommen, daß virile Monstren entstünden als Zeuger für eine nicht-morbide Überordnung des Möglichkeitssinns über den Wirklichkeitssinn. Sie wären Athleten des Existenzvorbehalts, entschlossen zum Widerstand gegen die Versuchung durch Selbstverwirklichung.

Genau dies hat sich in den literarischen Exerzitien des jungen Paul Valéry materialisiert. In der Gestalt von Monsieur Teste wurde der innere Beobachter zu solcher Stärke aufgebaut, daß ihm die eigene Existenz nur noch als Ausgangsmaterial für unerbittliche Theoriebildung dienen sollte. Teste ist der Mann, der mit dem Prius des Lebens förmlich gebrochen hat – nicht als Theoriekrüppel im Schonraum akademischer Langzeitverträge, sondern als logischer Athlet, der sich vor niemandem verbirgt und doch bloß von den wenigen bemerkt wird, die seine *raison d'être* ahnen. Er existiert als Werkstattleiter an einem virtuellen Bauhaus der Ideen. Sein Wirkungsbereich ist die Schnittstelle von Genauigkeit und Seele. Ergriffe er einen praktischen Beruf, könnte dieser nur an einem Zentrum für Kunst und Meta-psychologie angesiedelt sein. Er begreift sich ausschließlich als einen variablen Punkt im Spiel der Möglichkeitskurven. Darum heißt es von ihm: »(er) lebt in dem allgemeinsten Interieur«,[49] seine Bleibe ist ein »reiner und banaler«[50] Ort. Aufgeräumt oder unaufgeräumt, er diente ihm stets als blo-

49 Paul Valéry, Werke, Frankfurter Ausgabe, Band 1, Dichtung und Prosa, Frankfurt am Main und Leipzig 1992, S. 315.
50 Ebenda.

ßer Behälter eines logischen Experiments. In ihm gibt es nichts, was auf eine Wohnung hindeutet – falls wohnen bedeutet, eine Bindung zwischen Raum und Einwohner entstehen zu lassen. Noch unheimlicher ist die Tatsache, daß es bei Teste keine Bindung an sich selbst und seine Lebensgeschichte gibt – nichts, was auf »Persönlichkeit« im trivialen Sinn des Wortes schließen ließe. Daher kann der Erzähler von *Der Abend mit Monsieur Teste* notieren: »Monsieur Teste hatte keine Meinungen. Ich glaube, er vermochte sich nach Belieben zu ereifern …«[51] »Sprach er, so hob er nie den Arm oder nur den Finger. *Er hatte die Marionette getötet.* Er lächelte nicht, sagte weder guten Tag noch guten Abend; er schien das ›Wie geht es Ihnen?‹ nicht zu hören.«[52] In den *Cahiers* um 1906 findet sich hierzu die Parallelstelle: »Er weiß zuviel, um zu leben.«[53]

Kurzum, Monsieur Teste ist der Intellekt, der nicht in die Falle der Selbstverwirklichung geht. Er lehnt es ab, ein »Charakter« zu werden, sein einziger Anspruch an sich besteht in der Forderung, sich in der intensivsten Möglichkeitsform zu bewahren. Folgerichtig weigert er sich, »außergewöhnlich« zu sein: »ich hasse alles Außergewöhnliche. Dieses ist Bedürfnis der schwachen Geister.«[54] Er weiß, jeder Geniekult beruht auf dem bequemen Einknicken des Gefühls vor der von außen angeschauten Intelligenz. Wirkliche Intelligenz ist operativ, sie lebt im Mitvollzug von

51 Paul Valéry, Werke, a. a. O., S. 310.
52 Paul Valéry, Werke, a. a. O., S. 308.
53 Paul Valéry, Cahiers/Hefte 6, Frankfurt am Main 1993, S. 558.
54 Paul Valéry, Werke, a. a. O., S. 315.

analoger Intelligenz in Arbeit. Er akzeptiert ausschließlich die im Geist Spinozas zu stellende Frage: »Was vermag ein Mensch? Was vermag ein Mensch…!« Und er fügt quasi-sokratisch hinzu, an einen Besucher gewandt: »Sie kennen einen Menschen, der weiß, daß er nicht weiß, was er sagt!« Solches Nichtwissen ist nicht auf den simplen Selbstwider-spruch zurückzuführen, an dem das trivialsokratische »Ich weiß, daß ich nichts weiß«, scheitert. Das Nichtwissen des Monsieur Teste ist die diskrete Warnlampe einer Disziplin, die von allem, was gewußt wird, fordert, sämtliche verbor-genen Implikationen mitzuwissen. Vor dieser Forderung, die ins Unendliche weist, versagen die positiven Kenntnisse und die lokalen Evidenzen ausnahmslos. Darum hat das monsieur-testische Wissen mit der Illusion der Endgültig-keit von Erkenntnis gebrochen. In seiner Sphäre gilt die Regel: »Denken ist unablässiges Durchstreichen.«[55] Wie in allen Kulturen des übenden Lebens zählt auch im intellek-tuellen nur die aktuelle Form. Gedachthaben ist das eine, jetzt wieder denken ist das andere – allein auf dieses immer von neuem andere kommt es an.

Valéry hat anhand seines logischen Dummys namens Monsieur Teste demonstriert, wie der Intellektuelle, der Athlet, der Scheintote und der Engel miteinander ver-schmelzen. Ein solches Monstrum des »Möglichkeitsmen-schen« kann übrigens verheiratet sein, ohne in Widerspruch mit seinen Grundsätzen zu geraten – er lebt in einem Me-ta-Zölibat, das von den Realitäten der Ehe nicht angeta-

55 Paul Valéry, Cahiers/Hefte 6, Frankfurt am Main 1993, S. 551.

stet wird. Valéry legt der virtuellen Ehefrau des Modell-
menschen einige der aussagekräftigsten Sätze über dessen
Seinsweise in den Mund. In einem Brief an einen Freund
bekundet Emilie Teste, ein wichtiger Zug im Dasein ihres Mannes bestehe in dem Vermögen, streng zu sein: »Ich
glaube nicht, daß irgendein Mensch es so sein kann wie er.
Er knickt einem den Geist mit einem einzigen Wort, und
ich fühle mich wie eine mißratene Vase, welche der Töpfer
zu den Scherben wirft. Er ist streng wie ein Engel, werter
Herr.«[56] Die tapfere Gattin erwähnt nicht nur das Töpfer-
gleichnis aus dem Brief des Paulus an die Römer, mit welchem die undurchschaubaren Entscheidungen Gottes über
Heil und Unheil einzelner Geschöpfe gegen menschliche
Einwände verteidigt werden, sie scheint auch mit Platons
Hinweisen auf die Absencen des Sokrates vertraut zu sein,
wenn sie etwa über die Zustände ihres Mannes notiert: »...
er wagt sich, weit entfernt von der gewöhnlichen Zeit, in
irgendeinen Abgrund von Schwierigkeiten vor ... Ich frage
mich, was dort aus ihm wird ... Man muß ihn in solchen
Exzessen von Abwesenheit gesehen haben! – Da verändert
sich sein Gesicht – es erlischt! ... Noch ein wenig mehr von
dieser Selbstversenkung, und ich bin gewiß, daß er unsichtbar würde!«[57] Zudem erwähnt Madame Teste ein Gespräch
mit einem katholischen Geistlichen, der ihren Gatten als
ein »Monstrum von Abgeschiedenheit« charakterisierte
und an ihm Anzeichen eines satanischen Hochmuts er-

56 Paul Valéry, Werke, a. a. O., S. 331.
57 Paul Valéry, Werke, a. a. O., S. 334.

kannte: Da aber realer Hochmut die Herablassung zu einer positiven Eigenschaft erfordern würde, kehrt sich der Hochmut »in dieser allzu geübten Seele« gegen sich selbst und neutralisiert sich zu einem in keiner Richtung festgelegten Vermögen der Überlegenheit über alles. Monsieur Teste ist zu hochmütig für den Hochmut, zu frei für die Freigeisterei. Der Stolz der vollkommen intellektualisierten Existenz folgt der Maxime: Verachte deinen Nächsten wie dich selbst.[58] Noch 1934, vierzig Jahre nach der Erfindung seiner Versuchsfigur, notierte Valéry: »Gut (sprach Monsieur Teste). Das Wesentliche ist gegen das Leben.«[59]

Ich breche hier diese Hinweise auf Variationen und Entfaltungsstufen des platonischen Scheintod-Schemas ab, indem ich die Bemerkung anfüge, jede einzelne von ihnen dürfte angesichts der Fülle der Überlieferung als beinahe beliebig gelten. Das alteuropäische Abenteuer der Mortifikation zugunsten reiner Erkenntnis überspannt inzwischen eine Ära von nahezu zweieinhalb Jahrtausenden. Weder ein Ideenhistoriker noch ein Typologe könnte so vermessen sein, zu glauben, man könne den Gehalt einer Epoche solchen Ausmaßes mit wenigen Sondierungen von der Art der eben vorgetragenen erschöpfen. Dennoch gewähren die hier vorgenommenen Auslotungen zureichende Einblicke in die Eigenart des Gegenstands, um die Statuierung einiger wichtiger Konstanten zu erlauben. Ich begnüge mich

58 Vgl. ähnlich Paul Valéry, Cahiers/Hefte 6, a.a.O., S. 618 f.
59 Paul Valéry, ebenda, S. 629.

mit den drei wichtigsten Zügen, ohne die die Kunst des Vorlaufens in den schönen Tod zugunsten des Wissens sich nicht verstehen läßt: Ich nenne zum ersten den Rückzug vom profanen Leben; zum zweiten die Stärkung des exzentrischen Zeugen; zum dritten den Tausch der kleinen Subjektivität gegen die große Seele.

Was den ersten Punkt angeht, darf ich mich kurz fassen. Ich habe dem Rückzugsphänomen in meinem Buch *Du mußt dein Leben ändern* ein längeres Kapitel gewidmet, und ich spreche dort ausführlich von den Entfremdungsverfahren gegenüber dem gewöhnlichen Dasein, die ich die »Sezession« nenne.[60] Alles theoretische und ethische Leben ist in gewisser Weise sezessionistisch, da es auf dem Beschluß beruht, das Wahrscheinliche, das die meisten eint, hinter sich zu lassen, um sich im Unwahrscheinlichen neu anzusiedeln. Das Leben in der Sezession durch Denken verdankt sich den Distanzierungstechniken, mit deren Hilfe sich Menschen in die Sonderzone Theorie versetzen.

In dem genannten Buch habe ich dies im Hinblick auf die anspruchsvollen ethischen Lebensformen dargestellt, die man nicht selten als »Religionen« mißversteht; es gilt in fast gleicher Weise für die Träger epistemischer Ambitionen. Was Husserl die *epoché* genannt hat, wäre nicht angemessen begriffen, wollte man darin nur einen mentalen Akt und weiter nichts erkennen. Die radikale Zurückhaltung der Zustimmung zum Gegebenen umfaßt in Wahrheit

60 Du mußt dein Leben ändern, Kapitel 6: Erste Exzentrik. Von der Absonderung der Übenden und ihren Selbstgesprächen, a. a. O., S. 338-378.

viel mehr als bloß die »Einklammerung« der alltäglichen Einstellung zu Welt und Leben. In den vergangenen zweieinhalb Jahrtausenden hat die mit dem gesamten Dasein vollzogene *epoché* die Ausmaße einer Völkerwanderung aus dem Wirklichen ins Mögliche angenommen. In ständischen Gesellschaften erscheint diese Wanderung, zu der in allen Zeiten zahllose Einzelne aufbrachen, zumeist als Übertritt aus dem dritten (bürgerlichen) und zweiten (adligen) Stand in den ersten, den Klerus. »Klerus« jedoch ist nur eine vage Adresse für subtile Emigrationen. Diese umgreifen die permanente Auswanderung der Intelligenz aus der Dumpfheit, sie umspannen die permanente Sezession des sittlichen Gefühls von der real existierenden Gemeinheit, sie vollziehen die permanente Transgression der Könnensgrenzen zu höheren Virtuositäten. Eine inzwischen verblühte politische Folklore des frühen 20. Jahrhunderts wollte zeitweilig die permanente *epoché* als permanente Revolution gegen die institutionalisierte Gesellschaft reklamieren – mit den Ergebnissen, die man kennt.

Auch zum zweiten Punkt ist hier nichts Detailliertes mehr zu sagen. Die Ansätze zur Stärkung des inneren Zeugen – der dem Lebensprozeß beiwohnt, als ob in der eigenen Seele ein exzentrischer Beobachtungsposten aufgeschlagen worden wäre – sind in der Geschichte des Prinzips Geist vielfältig kodifiziert worden. Die Entbindung der Beobachtung aus dem lokalen Leben trat im Lauf der mentalen Evolution unter vielen Namen auf. In der altindischen Philosophie hieß das desinteressierte Subjekt, das allem interessierten Dasein zugrunde liegt, *atman* – was anfangs soviel wie Hauch oder Geist bedeutet und mit dem deutschen Wort »Atem« verwandt ist. Dem stellte der Buddhismus eine Art von »atemloser« Aufmerksamkeit entgegen. Der Platonismus antwortete dem Orient mit seiner Entdeckung der »noetischen Psyche«, die in der europäischen Philosophie als die vom Vergehen unberührte Denkseele behandelt wird. Die lateinischen Platoniker (wie auch Paulus) übernahmen diese Figur unter dem Namen *homo interior*, womit eine geistige Instanz bezeichnet wird, die nach dem Abzug des äußeren Menschen übrigbleibt – ein Motiv, das noch Husserl in seinen Gedankenexperimenten über die Selbstgewinnung durch Weltvernichtung wiederholte. Die Stoiker umschrieben das geistige Residuum mit dem Bild der »inneren Statue«, für deren Herausarbeitung das übende Leben sich engagieren soll. Mittelalterliche Mystiker sprachen vom Seelenfunken oder von dem subtilen Einwohner der inneren Zitadelle. Zu Beginn der Moderne führte Adam Smith in seiner Theorie der moralischen Gefühle den inneren »unparteiischen Beobachter« ein, der mit der Aufgabe betraut ist, das Individuum in Gefühlskonflikten zu beraten – und in der Regel zugunsten einer vornehmen Moral plädiert. Die deutschen Idealisten kehrten das Transzendentalsubjekt hervor, das zuweilen als der Vorposten des absoluten Geistes im Einzelsubjekt gedeutet wird. Die Postidealisten schließlich beschworen ein Kritiksubjekt, das im Dunkeln sehen kann und dem es gelingt, die »Verblendungszusammenhänge« des allgemeinen Verhängnisses zu durchdringen. In der jüngsten Redaktion des Zeugen-Mythos durch die Luhmannsche Systemtheorie ist von einem Beobachter die Rede, der die Tätigkeiten anderer Beobachter intelligent beobachtet – wobei das Denken, ohne Bezug auf externe Ankerpunkte von »Wahrheit«, als Differential zwischen Beobachtungen erster und zweiter (oder höherer) Ordnung gilt. In allen Varianten des Zeugenbewußtseins wird eine mehr oder weniger exzentrische (stets nach innen exzentrierte) Intelligenz postuliert, die aus ihrem methodisch erworbenen Abseits ein gewisses Maß an Übersicht und Einsicht zu gewinnen vermag. Die Reihe als ganze zeigt eine entropische Tendenz, als ob dem Geist die Pflicht obläge, sich selber progressiv zu profanieren.

Wie das Motiv des Rückzugs aus der Außenwelt und die Figur des inneren Zeugen ist auch das dritte gemeinsame Merkmal der Scheintod-Kulturen, der Tausch des lokalen Ich gegen das höhere Selbst, eine zu große Materie, um sie hier angemessen zu behandeln. Ich habe in den obigen Andeutungen zur Umkehrung des Verhältnisses zwischen Jäger und Beute bei Giordano Bruno auf die Bedeutung des Subjektwechsel-Schemas für den gesamten Einzugsbereich des Platonismus und Neuplatonismus hingewiesen. Aus solchem Wechsel folgt eine teils monastische, teils zivile Todesrhetorik, in der das Verschwinden des Erkennenden im Erkannten als der natürliche Preis für den Zugang zu höheren Wahrheiten in Ansatz gebracht wird. Bis heute fehlt eine wissenschaftlich befriedigende Ideengeschichte des schönen Todes in der Theorie – daher existieren nicht nur persönliche Gründe, warum ich hier über diese Gegenstände bloß hindeutend und ohne gelehrten Apparat reden kann.

Der Blick auf die Überlieferung bestätigt jedenfalls die Grundtendenz dieser Betrachtung: Es waren die epistemischen Tugenden der Scheintoten, die diese exquisiten Monstren für die Theorieberufe qualifizieren sollten. Gewiß spricht man heute nicht mehr offen von den pathetischen Beziehungen zwischen Selbstauslöschung und Methode, man verzichtet weithin auf metaphysischen Theaterdonner und begnügt sich mit harmlos scheinenden Einführungskursen, in denen die vormaligen Tugenden der Toten diskret in die Reichweite des Nachwuchses gerückt werden: Man lehrt die akademische Jugend, nach dem überpersönlichen Standpunkt zu suchen, ohne daß sie fasten und beten müßte. Man bringt den Novizen der Theorie das Achthaben auf das Allgemeine im Besonderen und das Besondere im Allgemeinen bei, man weckt in ihnen den Sinn für die Formseite aller Dinge und initiiert sie so auf die unauffälligste Weise in die Selbstauslöschung der Denkenden. Die Moral der Geschichte lautet auch heute: Die Personen sollen sich hinter ihren begrifflichen Mitteln soweit wie möglich unsichtbar machen. In den Naturwissenschaften ziehen die menschlichen Beobachter sich vollends hinter die »Messungen« durch apparative Beobachtungen zurück, und erst bei deren Deutung kommt, so diskret wie möglich, der »subjektive Faktor« ins Spiel.

Ist den Theorietreibenden dieser Rücktritt vom Eigenen, allzu Eigenen in Fleisch und Blut übergegangen, werden für sie der Primat der Methode zur zweiten Natur und der Vorrang des Objekts ein nahezu »persönliches« Bedürfnis. In der Regel wird Wissenschaft heute wie ein gewöhnlicher

Beruf ausgeübt, als ob die Mitwirkung an dem Epochenprojekt der Weltbewältigung eine Routineaufgabe geworden wäre. Oft steht der epistemischen Berufstätigkeit ein zweites Leben in wissenschaftsfreien Situationen gegenüber, in denen das Subjekt der Theorie mehr oder weniger unauffällig in die Denk- und Wahrnehmungsformen des gewöhnlichen Lebens zurückschwingt. Das Dasein im Alltäglichen dient so als ein nicht deklariertes Kompensationstraining gegen die Vereinseitigungen, die für die berufsmäßig betriebene Wissenschaft erbracht werden müssen. Mit der Alltäglichkeit des Lebens verbündet sich die Außeralltäglichkeit der Kunst, um die implizite Fülle der spontanen Lebenserfahrung unter expliziten Formen wiederherzustellen. Wir haben die Kunst, um an den Verkünstlichungen unseres Welt- und Selbstbezugs durch Wissenschaft nicht zugrunde zu gehen.

4 Kognitive Moderne
Die Attentate gegen den neutralen Beobachter

Meine Damen und Herren, der Gang der Darlegungen hat uns an eine Kreuzung geführt, von der drei Wege abzweigen. Der erste leitet uns direkt zum Ausgang, da man der Meinung sein könnte, wir seien in der Sache am Ziel und hätten dem Thema so viel abgewonnen, wie unter den heutigen Prämissen zu erreichen war. Wählten wir diesen Weg, dürfte ich die Akte schließen und Ihnen auf der Stelle für Ihre Aufmerksamkeit danken. Den zweiten Weg würden wir betreten, wollte ich einer Empfehlung Max Benses folgen, der bemerkte, man solle inmitten abstrakter Reflexion immer sich wieder einzelnen Denkerpersönlichkeiten zuwenden, um »jene kaum eingestandene Unmenschlichkeit des Geistes in eine schöne Unmittelbarkeit zu verwandeln«.[61] In diesem Fall müßte dieser Vortrag mit einigen Fallstudien im Umkreis lokaler Anschauung enden – ein Vorhaben, von dem ich hier aus leicht nachvollziehbaren Gründen Abstand nehme. Auf dem dritten Weg schließlich würden wir die Chance ergreifen, die angefangene größere Erzählung zu Ende zu führen – und ebendas möchte ich nun in der gebotenen Kürze tun.

Es scheint, man könne auf diesem Gebiet schnell machen und sich mit der Feststellung des Resultats begnügen, von

---

61 Max Bense, Vom Wesen deutscher Denker oder zwischen Kritik und Imperativ, München/Berlin 1938, S. 7.

dem ich eingangs schon verriet, wie es lautet. Tatsächlich ist am Ausgang der Geschichte kein Zweifel möglich: Die epistemologische Moderne hat sich auf breitester Front dazu durchgerungen, mit den erhabenen Fiktionen der desinteressierten Vernunft zu brechen und die Erkennenden aus ihren künstlichen Mortifikationen zurückzurufen. Wenn es einen deutungsbedürftigen Punkt an diesem Tatbestand gibt, betrifft dieser die angemessene Würdigung des Vorgangs, sei es, daß man ihn unter die emanzipatorischen Wohltaten der Moderne rechnet, sei es, daß man ihn als ein okkultiertes Verbrechen von unbestimmten Konsequenzen wertet. Für beide Sehweisen lassen sich Argumente beibringen. Da die Eliminierung der Scheintoten aus der modernen Rationalitätskultur sich in einem Klima des Aufruhrs gegen die Tradition vollzog, scheint die dramatische Sicht zunächst die plausiblere zu sein. Die antimetaphysischen Rebellen kämpften in erster Linie für die Vernichtung des machtvollen »Gespensts«, das die Menschen des metaphysischen Zeitalters mit Trugbildern eines im Leben selbst vorwegnehmbaren Jenseits bezaubert hatte.

Mit diesen Hinweisen könnte ich es bewenden lassen und den Abschied der Modernen vom kognitiven Angelismus – bzw. von der Metaphysik der trennbaren noetischen Seele – ohne weiteres statuieren, wäre nicht bei der Tötung des Scheintoten eine so große Koalition von Verschwörern am Werk gewesen. Die Liquidierung des alteuropäischen Theoriesubjekts war keineswegs das Werk eines Einzeltäters. Vielmehr resultiert sie aus einer Fülle von parallelen polemischen Entwicklungen, von denen jede einzelne das

Ihre zum Gesamtergebnis beitrug. Ich habe insgesamt zehn Attentäter gezählt, die jeweils eigene Gründe für ihre Abrechnung mit dem Gespenst des theoretischen Menschen ins Feld führten. Es ist zu vermuten, daß sich bei gründlicheren Nachzählungen längere Listen ergäben – sie kämen, angemessen aufgestellt, einer gemeinsamen Geschichte von Wissenschaft, Philosophie und Politik in Europa seit dem späten 18. Jahrhundert gleich. Ihr globales Thema wäre das Hauptereignis des neueren okzidentalen Denkens, das man die Säkularisation des Erkennens nennen könnte – ein Vorgang, der sich zugleich als eine Politisierung des Erkennens erwies und sich schon früh in naturalistische und kulturalistische Varianten verzweigte. Es waren vor allem die Avantgarden der modernen Reflexion seit dem Tode Hegels, die einen tumultuarischen Prozeß gegen die klassische Tradition anstrengten: Aus dem ging hervor, was heute das Denken in postmetaphysischer Grundstellung heißt. Der Sache nach wurde dieser Prozeß als eine Kritik der neutralen Vernunft durchgeführt.

Ein letztes Mal möchte ich das dramatische Bild vom Angelozid bemühen, um zu beschreiben, welches Schicksal die kognitive Moderne dem heiligen Monstrum der älteren Erkenntnistheorie, dem zugunsten der Erkenntnis aus dem Leben ausgeschiedenen Scheintoten, bereitet hat. Zehn Verschwörer treten auf den Plan, zehn Dolche sind gezückt für den großen Angriff – und wenn auch nicht alle Hiebe gleichzeitig fielen, vereinen sie sich doch in einer gemeinsamen Wirkung. Ich verzichte darauf, szenisch zu schildern, wie der Engel der Theorie auf den Stufen der Akademie niederstürzte – doch erlauben Sie mir wenigstens, meine Damen und Herren, in aller Kürze die Reihe der Attentäter abzuschreiten. Da bislang kein Marc Anton auftreten wollte, der bereit gewesen wäre, dem erhabenen Opfer der epistemologischen Verschwörung die Leichenrede zu halten, muß irgendwer den Anfang machen und versuchen, die Lücke zu füllen. Doch weil ich weder das Volk von Rom noch das von Tübingen zur Rache an den Verschwörern anstacheln will, sondern eher um Verständnis für die Motive der Täter werbe, ohne dem Opfer den Respekt zu verweigern – und ohne ein Urteil über seine Auferstehungsfähigkeit zu fällen –, begnüge ich mich damit, die Liste der Angreifer zu präsentieren und ihre Motive anzudeuten.

An erster Stelle ist hier die Zurückbettung der Theorie in die Praxis zu nennen, die man in Deutschland vor allem mit den Impulsen der Junghegelianer in Verbindung bringt. In diesem Umschwung kündigt sich eine epistemische Großwetterlage an, in der die mehr als zweitausendjährige Abspaltung des *bios theoretikós* rückgängig gemacht wird. Man könnte auch mit leisem *understatement* sagen: Es beginnt das zweite demokratische Experiment, sofern Demokratie, wie oben angedeutet, nur ein anderer Name für die Priorisierung des praktischen und politischen Lebens gegenüber sämtlichen anderen Daseinsprojekten ist. Infolgedessen werden in ihr die herrlichen Fiktionen des kontemplativen Lebens auf bescheidene Formate zurückgestuft. Das Leitwort Demokratie markiert den Vorrang des *common sense* vor dem heroischen Denken – es statuiert das Prius der Solidarität vor den Leitbildern individueller Größe, es verkündet die Überordnung des Gemeinwohls über die Glücksinteressen präpotenter Einzelner. Stellvertretend für viele andere Denker dieser Tendenz ist hier der Name von Karl Marx anzuführen. Mag er auch nur ein dubioser Zeuge für das Interesse an Demokratie sein, so ist an seiner Vorreiterrolle bei der Unterwerfung des theoretischen unter das praktische Leben nicht zu zweifeln. Mit seinem Werk verbindet sich der schicksalhafte Einbruch des Realen in die Sphäre die Theorie. Schicksalhaft wurde diese Wende vor allem deshalb, weil Marx das Wesen des Realen nicht nur als materielle Produktion, sondern auch als Krieg um die Aneignung der Produkte auslegte, mithin als immerwährenden Klassenkrieg (bis zum finalen Sieg der Produzenten) – mit dem Ergebnis, daß alles Denken von da an zur Stellungnahme an den je aktuellen Fronten des längsten Kampfs genötigt werden sollte. Es erübrigt sich, im einzelnen zu zeigen, warum es keine radikalere Umstellung der alteuropäischen Rationalitätskultur als die militante Kehre geben konnte, die sich für den Ideenhistoriker mit dem Grundsatz des Marxismus verbindet: Wo Kontemplation war, soll Mobilmachung werden. Mit der vormärzlichen Einführung des Militantismus und seines Bürgerkriegsaprioris in die Philosophie beginnt die immerwährende Katastrophe der nicht mehr reinen Theorie.

An zweiter Stelle nenne ich die Abkehr des modernen Denkens von den Fiktionen des epistemischen Souveränismus. Hier ist vor allen anderen Friedrich Nietzsche zu erwähnen, dessen theoretische Impulse auf eine Kritik der perspektivischen Vernunft hinauslaufen. Nietzsche hat in seinen Beiträgen zur Vernunftkritik nicht weniger geleistet als den Nachweis, daß alle Erkenntnis von lokalem Charakter ist und daß kein menschlicher Beobachter es bei der Nachahmung des göttlichen Auges so weit zu bringen vermag, den eigenen Standort wirklich zu transzendieren. Der Rat der neuen Erkenntniskritik lautet daher, nicht länger dem Phantom einer überpersönlichen Weisheit zuliebe aus der Haut zu fahren, sondern ganz in die eigene Haut zu schlüpfen, um die kognitive Chance, die mit der unvertretbaren Perspektive einer singulären Existenz gegeben ist, bis zum Äußersten auszuschöpfen. Es erübrigt sich, zu erklären, wie sich hierdurch Wissenschaft der schönen Literatur nähert und Theorie sich in Bekenntnis verwandelt – ohne daß im voraus eine Entscheidung über den Vorrang des einen oder des anderen getroffen werden könnte.

An die dritte Stelle möchte ich einen Angriff plazieren, der mit den beiden vorherigen eng verwandt ist: Ich nenne ihn die Unterwanderung des klassischen Apathie-Prinzips durch das parteinehmende Denken. Stellvertretend für eine ganze Armee von Intellektuellen, die dem Prinzip Parteilichkeit huldigten, möchte ich hier Georg Lukács anführen. Ihm kommt unter den Denkern des 20. Jahrhunderts insofern ein so herausragender wie problematischer Rang zu, als er nach seiner Konversion zum Marxismus das Prinzip »Klassenbewußtsein« zum Apriori aller moralisch vertretbaren geistigen Tätigkeiten zu erheben versuchte. Damit trug er nicht bloß das Seine bei zum Beschuß der alteuropäischen Akademia durch die Kampfkategorie der »bürgerlichen Wissenschaft«, mit deren Hilfe jede nichtmarxistische Form von Theoriebildung als Komplizin des »Bestehenden« diffamiert werden sollte; als Apologet von Lenins und Stalins exterministischer Politik beteiligte Lukács sich an der Verklärung der »revolutionären Gewalt« in der Sowjetunion – deren Opfer in Größenordnungen zwischen fünfundzwanzig und vierzig Millionen Menschenleben liegen. Er tat das Nötige zur Desavouierung des logischen Pazifismus, ohne den, wie ich oben angedeutet habe, die alteuropäische Heterotopie der akademischen Sphäre – und ihre Spiegelung im zivilen Pazifismus der Gelehrtenrepublik – nicht lebensfähig gewesen wäre. Aus dieser Sicht ist der Humanist und Klassizist Lukács, der von offiziellen kommunistischen Organen zumeist als Außenseiter behandelt wurde, die tragische und heimliche, daher von expliziter Kritik zumeist verschonte Schlüsselfigur des intellektuellen linken Faschismus im 20. Jahrhundert, sofern der in Theorie durchschlagende Faschismus durchwegs auf der Überhöhung des Krieges zur Wirklichkeit letzter Instanz beruht, gleich ob er sich des rechten Jargons vom Rassenkrieg oder des linken vom Klassenkrieg bedient.

An die vierte Stelle rücke ich die Subversion der abendländischen Rationalitätskultur durch die phänomenologische Analyse, die alle Theorie auf den vortheoretischen Grund der »Stimmung« setzte. Hier ist vor allem an Martin Heidegger zu erinnern. Ganz unverkennbar gehört dieser Denker in die Bewegung, die von den drei zuvor genannten Attentaten gegen die reine Theorie ihren Ausgang nahm. Wenn Heidegger regelmäßig seine zeitweilige Nähe zur

»nationalsozialistischen Revolution« von 1933 vorgeworfen wird, so sind solche Anklagen nur richtig zu würdigen, wenn man sie in den Zusammenhang der Abkehr des neueren Denkens von den Traditionen der kontemplativen Rationalität einbettet – in welche Heidegger nach seinem Fall sich reuevoll zurückbegeben wollte. Sein Kasus liefert Aufschluß über die Gefahren des Militantismus, der zahlreiche Denker der Moderne verführte, sich zu Organen der »Revolution«, der »Geschichte« oder des »Ereignisses« machen zu wollen. Solange wir nicht über eine tiefenscharfe Kritik der »eingebetteten« Vernunft verfügen, bleiben noch so akribische Untersuchungen zu Heideggers unleugbarem Sündenfall von begrenztem Wert. Sie verraten zumeist mehr über die Gesinnung der Ankläger als über die Motive des Angeklagten.

An fünfter Stelle möchte ich die Erschütterung des Glaubens an desinteressierte Erkenntnis in den modernen Naturwissenschaften erwähnen, die insbesondere durch die Ereignisse von Hiroshima und Nagasaki hervorgerufen wurde. Spätestens mit den beiden nuklearen Apokalypsen des August 1945 hatte die bis dahin unbestrittene Königsdisziplin der Naturwissenschaften, die Physik, ihre Unschuld verloren und sah sich erneut ins Getümmel von Titanenkämpfen zurückversetzt. Die Konsequenzen hieraus hat namentlich der (in die Entwicklung der nicht verwirklichten »deutschen Bombe« involvierte) Physiker-Philosoph Carl Friedrich von Weizsäcker gezogen, indem er die für alle Zukunft unentbehrliche Formel »Wissenschaft-und-Verantwortung« prägte. Er formulierte damit nicht nur eine erkenntnisethische Maxime für die Naturwissenschaften in der technischen Zivilisation, er lieferte auch Ansätze zu der unerschöpflichen Denkaufgabe, die Konfiguration von wissenschaftlicher Esoterik und politischer Exoterik neu zu bestimmen.

An sechster Stelle nenne ich die Aufsprengung des philosophischen Systemdenkens und der naturwissenschaftlichen Weltanschauung durch den Existentialismus. Auch dieser Vorgang weist in die erste Hälfte des 19. Jahrhunderts zurück – seine Urszene ereignete sich, als Kierkegaard gegen Hegel den Einwand erhob, dieser habe bei der Konstruktion seines Systems den wirklich existierenden Einzelnen vergessen. Zur Kulmination gelangt dieser Ansatz um die Mitte des 20. Jahrhunderts, als Jean-Paul Sartre unter der Anregung der Phänomenologien Husserls und Heideggers seine weit ausstrahlende Lehre von der engagierten Existenz vortrug. Sie gehört zum Komplex der Unterwanderungen der kontemplativen Vernunft durch militante Attitüden – mit der spezifischen Differenz, daß die Engagierten im Sartreschen Modus sich nicht auf ein Mandat der »Geschichte« oder der »Revolution« berufen, sondern sich ausschließlich auf eine abgründige existentielle Wahl stützen. Bekanntlich hat Sartre (vor seiner mutwilligen Selbstunterbietung durch Anbiederung an die marxistische Soziologie) das Wesen des Menschen als einen Überschuß an Negativität gedeutet, die sich in einer permanenten Losreißung vom Faktischen und Bisherigen geltend macht. Die Theatermetapher »Engagement« verrät, wie im 20. Jahrhundert selbst eine profunde Lehre von der menschli-

chen Freiheit dazu verwendet werden konnte, der Zerstö-
rung der Kontemplation in die Hände zu arbeiten.

An siebenter Stelle nenne ich die Unterwanderung des
akademischen Diskursbetriebs durch die Wissenssoziologie. Sie entlarvte den Schein objektiver Theorie durch den
Nachweis einer strikten Bindung aller gängigen Diskurse
an akademische Erfolgsmuster und an die Sprachspiele
machthabender Mehrheiten. Als erster zog Max Scheler aus
diesen Untersuchungen bereits im frühen 20. Jahrhundert
ein eindrucksvolles Resümee, als er in seinen Studien zur
Wissenssoziologie die nicht aufhebbare Gebundenheit von
Erkenntnissen an *Interessen* offenlegte. Demnach entsprechen die drei von ihm unterschiedenen Grundtypen des
Wissens: Bildungswissen, Erlösungswissen, Herrschaftswis-
sen, den drei anthropologisch deduzierbaren Großkomple-
xen von Interessen an Bildung, Erlösung und Herrschaft.
Mit dem scheinbar harmlosen Wort »Interesse« – seit dem
17. Jahrhundert ein ziviler Deckname für die Leidenschaften – wurde die Katastrophe der reinen Theorie besiegelt.
Es nötigte selbst die sublimsten Formen der Erkenntnis
zum Wiedereintritt in die Szenerie des stellungnehmenden
Lebens. Daneben seien zwei Begriffe erwähnt und zwei Namen genannt, die nach wie vor unter Akademikern in aller
Munde sind – die Paradigmentheorie, die von Thomas S.
Kuhn entwickelt wurde, und die Diskurstheorie, wie Michel Foucault sie entfaltet hat. Es bleibt bis auf weiteres unklar, ob man diese Sondierungen als wertfreie Ethnologien
des theoretischen Feldes oder als kritische Bloßstellungen
des diskursiven Konformismus lesen soll.

An achter Stelle beobachten wir die Versuche des Feminismus, sämtliche bisherigen Diskursordnungen als Fabrikationen einer herrschenden Männlichkeit zu entlarven. Mit einemmal wurde augenfällig, wie sehr das Männliche sich von alters her darauf verstand, sich auch auf dem Gebiet der Suche nach Erkenntnis als Inbegriff des Menschlichen auszugeben. Die Unterwanderung der Fiktionen einer hypothetisch geschlechtslosen, faktisch fast ausschließlich maskulinen Wissenschaft durch die Gender-Forschung reicht bis in die Anfänge der Frauenbewegung zurück, spitzt sich aber erst seit den siebziger Jahren des 20. Jahrhunderts in die Proklamation einer expliziten feministischen Epistemologie zu. Die These von der Gender-Bestimmtheit theoretischen Verhaltens wird in der Regel vom Hinweis auf dessen verkannte Körperbestimmtheit begleitet. Die Materialität des Körperlichen ihrerseits soll stets von kulturspezifischen Machteffekten abhängen. Hier mag es genügen, den Namen von Judith Butler zu nennen und auf ihre einflußreiche Studie *Bodies That Matter* (1993)[62] hinzuweisen.

Ich nenne an neunter Stelle die Widerlegung des Apathismus in der Theorie durch die zeitgenössischen Neurowissenschaften. Diese führten in jüngerer Zeit den Nachweis, daß die Verknüpfungen zwischen Logik und Emotionalität in den menschlichen Gehirnstrukturen tiefer reichen, als jede noch so wache Selbstbeobachtung zu erfassen vermag. So münden auch die Ergebnisse dieser Disziplin in die For-

62 Deutsch: Körper von Gewicht. Gender Studies, Frankfurt am Main 1995.

derung, den Traum von einer reinen apathisch-noetischen Theorie *ad acta* zu legen. Hier ist vor allem auf António R. Damásio hinzuweisen, der mit seinen Studien zur Organisation des menschlichen und tierischen Bewußtseins nicht nur den »cartesischen« Dualismus von Verstand und Gefühl als unhaltbar entlarvte, sondern auch die Schlüsselrolle des Gefühls für sämtliche kognitiven Prozesse herausarbeitete.[63]

An die zehnte und letzte Stelle plaziere ich die Überwindung des Mythos von der Entrückung des Erkennenden in der jüngeren Wissenschaftsforschung. Der einschlägige Name ist hier der von Bruno Latour. Er ist zugleich der Urheber der theoriepolitisch subversiven Forderung nach der Re-Inklusion der Experten. Von nun an sollen diese nicht mehr als externe Botschafter aus der Welt der Ideen auftreten, sie sind nicht länger die Abgesandten fremder ontologischer Mächte wie der Atome, der Sterne oder der platonischen Körper und dürfen sich nicht mehr auf die Mission berufen, in einer Gesellschaft von Ignoranten externes Wissen zu vertreten. Vielmehr haben sie sich künftig als Koproduzenten von Kenntnissen zu verstehen, die in den Wissensgesellschaften elaboriert werden und in diversen Parlamenten zirkulieren.[64] Wie die Technik ist

63 António R. Damásio, Ich fühle, also bin ich. Die Entschlüsselung des Bewußtseins, München 2000.
64 Vgl. Peter Sloterdijk, Ein Philosoph im Exil oder: Der Mann, der die Wissenschaften liebt. Laudatio auf Bruno Latour anläßlich der Verleihung des Siegfried Unseld Preises in Frankfurt am Main am 28. September 2008.

das wissenschaftliche Wissen als »Fortsetzung der sozialen Beziehungen mit anderen Mitteln«[65] aufzufassen. Muß ich erklären, warum der zehnte Dolch dem schon daniederliegenden Opfer besonders weh tut? Noch einmal blickt der theoretische Mensch kurz auf und sagt zu dem letzten Angreifer, von einem fassungslosen Staunen überwältigt: »Auch du, mein Brutus?«

Ausgehend von einer solchen Zehn-Dolche-Synopse ließe sich eine Kritik der theoretischen Vernunft verfassen, die die bisherigen Vorschläge zur Neubeschreibung der Wissensfelder der Modernen ablösen könnte. Einige nicht uninteressante Vorschläge hierzu hat Pierre Bourdieu mit seinen Studien zur Soziologie des *homo academicus* vorgelegt, die er als eine *Kritik der scholastischen Vernunft* verstanden sehen wollte.[66] Nach meinem Dafürhalten sind diese Versuche, so anregend sie im einzelnen sein mögen, nicht wirklich geglückt, weil sie in den Grenzen eines veralteten Soziologismus verharren.[67] Gleichwohl lernt man aus ihnen, in welchem Maß die zeitgenössische Theorieszene, die französische zumal, die der Autor gut überblickte, einem Jahrmarkt der Eitelkeiten gleicht. Sie zeigen, wie tief das Menschliche, Allzumenschliche, zumal der Kampf um Geltung und Vorrangstellung, das Verhalten der theorietrei-

65 Bruno Latour, Der Berliner Schlüssel. Erkundungen eines Liebhabers der Wissenschaften, Berlin 1996, S. 50.
66 Pierre Bourdieu, Meditationen. Kritik der scholastischen Vernunft, Frankfurt am Main 2001.
67 Zur Ablösung der konventionellen Soziologie vgl. Bruno Latour, Eine neue Soziologie für eine neue Gesellschaft. Einführung in die Akteur-Netzwerk-Theorie, Frankfurt am Main 2007.

benden Klasse prägt. Bourdieu hat offensichtlich einen wissenschaftsspezifischen Darwinismus nachgewiesen, in dem das Gesetz vom Überleben des Mittelmäßigsten gilt. Er hat darüber hinaus einen korrespondierenden Hobbesianismus aufgedeckt, nach welchem der Theoretiker dem Theoretiker ein Wolf ist. Wo Bourdieu am genauesten hinsieht, bietet er eine ernste Satire über die Sitten der akademischen Welt. Zuweilen geht er an die Materie so dicht heran, daß die, aus größerem Abstand betrachtet, festgefügten Institutionen des Wissens sich in ein flirrendes Mosaik aus diskursiven Kleinkriegen auflösen.

Meine Damen und Herren, wir sind am Ende des heutigen Versuchs angelangt. Ich bin mir bewußt, es wäre ein Fehler, mit einem so düsteren Ausblick zu schließen, wie ihn Bourdieus desillusionierende Hinweise auf die Manieren des völlig verweltlichten *homo academicus* liefern. Es wäre ein Fehler nicht nur in rhetorischer Hinsicht, es wäre auch ein Mißgriff in der Sache selbst. Denn die Zurückbettung der Wissenschaften in die Lebenswelt – um noch einmal Husserls klangreichen Begriff zu bemühen – und die Wiedererweckung der wissenschaftlich oder philosophisch Erkennenden zum verkörperten Dasein mit all seinen Befangenheiten in Leidenschaften und Interessen, Rückfälle ins Allzumenschliche inbegriffen – das waren eben nicht nur Attentate gegen die altehrwürdige Überlieferung, wonach Erkenntnis allein den Selbstlosen zufällt, die ihr empirisches Ich gegen den überpersönlichen Geist getauscht haben. Auch waren die genannten Entwicklungen nicht bloße Zugeständnisse an das kognitive Experiment der Moderne, das Nietzsche die »Umdrehung des Platonismus« genannt hat. Sie brachten zugleich die unvermeidlichen Metamorphosen der Wissenschaftsidee mit sich, die der Überführung jenes anspruchsvollen, fragilen und unwahrscheinlichen Geschäfts in die zeitgenössische Welt zugute kamen. Wo die Metamorphose gelang, läßt sich noch heute bei vielen Angehörigen der theoretischen Professionen eine positive Korrelation zwischen Diskretion und Methode beobachten. Noch immer existiert vielerorts ein tiefes Einverständnis zwischen Askese und Diskurskultur, mögen auch die metaphysischen Überhöhungen von einst unglaubwürdig geworden sein. Selbst in heutiger Zeit können, zahlreicher problematischer Entwicklungen ungeachtet, Philosophie und Wissenschaften als noble Exerzitien des bewußten Lebens betrieben werden, obwohl der naive Angelismus seine Rolle ausgespielt hat. Die treuen Akteure des Lebens in den theoretischen Berufen bezeugen durch ihr tägliches Beispiel, es müsse zwischen dem Tod und der Gemeinheit noch eine dritte Option geben. Und wer will ausschließen, daß nicht doch dann und wann der Engel der Theorie wieder durch den Raum geht? Wer könnte dem Metier des Denkens treu bleiben, träten nicht gelegentlich Momente auf, die uns von fern ahnen lassen, was mit Sokrates geschah, wenn er in der Toreinfahrt stehenblieb und seinen inneren Stimmen lauschte?

Ich möchte einem Dichter das letzte Wort geben, um das Glück und die Misere des theoretischen Lebens zu artikulieren. Tatsächlich sind es heute eher die Dichter als die Philosophen, denen es gelingt, dem Dasein in der unfreiwilligen *epoché* des melancholischen Menschen und in der freiwilligen Diskretion des exzentrischen Beobachters Ausdruck zu verleihen. Wir verlassen die nicht selten beengte und beengende Welt der wissenschaftlichen Disziplinen und gelangen in die Sphäre souveräner Marginalität, wenn wir in Fernando Pessoas *Buch der Unruhe des Hilfsbuchhalters Bernardo Soares* lesen:

»Die nächtliche Seligkeit groß zu sein, ohne etwas zu sein! Die ernste Herrlichkeit des unbekannten Glanzes … Und mit einem Mal spüre ich die Erhabenheit des Mönchs in der Einsamkeit, des Eremiten in der Einöde, der weiß, daß Christus in den Steinen anwesend ist und in weltabgeschiedenen Höhlen.

Und an meinem Tisch, in diesem absurden, schäbigen Zimmer schreibe ich namenloser kleiner Angestellter Worte, die die Rettung meiner Seele sind, und vergolde mich mit dem unmöglichen Sonnenuntergang über hohen, weiten, fernen Bergen, mit meiner Statue, dem Ersatz für die Freuden des Lebens, und meinem Ring des Verzichts, unerschütterliches Juwel ekstatischer Verachtung, an meinem Apostelfinger.«[68]

Meine Damen und Herren, mir bleibt in diesem Augenblick nur noch, Ihnen für Ihre Präsenz, Ihre Großzügigkeit und Ihre Geduld zu danken.

68 Fernando Pessoa, Das Buch der Unruhe des Hilfsbuchhalters Bernardo Soares, Zürich 2003, S. 18.

Danksagung

Diese Vorlesung wurde, am 22. Juni 2009, teilweise, im Rahmen der Unseld Lectures am *Forum Scientiarum* im Audimax der Eberhard Karls Universität Tübingen gehalten. Die Unseld Lectures vereinen die Bemühungen um den interdisziplinären Dialog, den das *Forum Scientiarum* der Universität Tübingen und die *edition unseld* mit ihren Programmen und Aktivitäten anstoßen.

Die Udo Keller Stiftung Forum Humanum hat die Lectures initiiert und fördert sie.

Peter Sloterdijk

edition unseld
Das erste Programm

NF 924/1/1.09

NF 942/1/9.09

filmedition suhrkamp

Alexander Kluge. Nachrichten aus der ideologischen Antike. Marx – Eisenstein – Das Kapital. Drei DVDs mit einem Essay von Alexander Kluge. 580 Min. fes 1

Bertolt Brecht/Slatan Dudow/Hanns Eisler/Ernst Ottwalt. Kuhle Wampe oder Wem gehört die Welt? 80 Min. mit Extras. fes 2

Samuel Beckett. He, Joe, Quadrat I und II, Nacht und Träume, Geister-Trio, Not I, … nur noch Gewölk …, Was, Wo. Filme für den SDR. Mit einem Essay von Gilles Deleuze. 180 Min. fes 3

Krista Fleischmann. Monologe auf Mallorca + Die Ursache bin ich selbst. Die großen Interviews mit Thomas Bernhard. Mit einem Essay von Raimund Fellinger. 94 Min. fes 4

Pierre Carles. Soziologie ist ein Kampfsport. Pierre Bourdieu im Porträt. Französische Originalfassung mit deutschen Untertiteln. Mit Interviews und einem Text von Pierre Bourdieu. 140 Min. fes 5

Michael Knof. Jugend ohne Gott. Nach dem Roman von Ödön von Horváth. Mit einem Essay von Reiner Niehoff. 107 Min. fes 6

Konrad Wolf. Der geteilte Himmel. Nach der Erzählung von Christa Wolf. Mit dem Film »Selbstversuch« von Peter Vogel. Zwei DVDs mit Essays von Ulla Berkéwicz, Christa Wolf und Ralf Schenk. 265 Min. fes 7

Romuald Karmakar. Hamburger Lektionen. Mit Texten von Peter Körte und Dirk Laabs. 133 Min. fes 8

NF 697/1/7.09

Chantal Akerman. Die Gefangene. Nach Motiven von Marcel Proust. Französische Originalfassung mit deutschen Untertiteln. Mit Texten von Birgit Kohler, Thilo Wydra und Ulrich Peltzer. 118 Minuten. fes 9

Jean-Luc Godard. Histoire(s) du cinéma. Zwei DVDs mit einem Essay von Klaus Theweleit. 264 Minuten. fes 10

Hans Magnus Enzensberger. Ich bin keiner von uns. Filme, Porträts, Interviews. Zwei DVDs mit Texten von Hans Magnus Enzensberger. 300 Minuten. fes 11

Christoph Rüter. Die Zeit ist aus den Fugen. Mit einem Interview und Texten von Heiner Müller. 100 Minuten. fes 12

Matthias von Gunten. Max Frisch. Citoyen. Mit einem Interview und Texten von Max Frisch. 94 Minuten. fes 13

Heinz Bütler, Manfred Eicher. Holozän – Nach Max Frischs Erzählung »Der Mensch erscheint im Holozän«. Mit einem Essay von Wolfgang Sandner. 90 Minuten. fes 14

Alexander Kluge. Früchte des Vertrauens. Finanzkrise, Adam Smith, Keynes, Marx und wir selbst: Auf was kann man sich verlassen? Vier DVDs mit Materialien. 600 Minuten. fes 15

edition suhrkamp
Eine Auswahl

Durs Grünbein. Die Bars von Atlantis. Eine Erkundung in vierzehn Tauchgängen. es 2598. 60 Seiten

Wolfgang Fritz Haug. Kritik der Warenästhetik. Gefolgt von Warenästhetik im High-Tech-Kapitalismus. es 2553. 350 Seiten

Wilhelm Heitmeyer (Hg.). Deutsche Zustände. Folge 8. es 2602. 320 Seiten

Johannes Jansen. Im Durchgang. Absichten. es 2568. 70 Seiten

Thomas Kapielski. Mischwald. es 2597. 347 Seiten

Barbara Marković. Ausgehen. es 2581. 95 Seiten

Robert Menasse. Permanente Revolution der Begriffe. Vorträge zur Kritik der Abklärung. es 2592. 123 Seiten

Franco Moretti. Kurven, Karten, Stammbäume. Abstrakte Modelle für die Literaturgeschichte. es 2564. 138 Seiten

Valzhyna Mort. Tränenfabrik. Gedichte. es 2580. 86 Seiten

Barbara Nolte, Jan Heidtmann. Die da oben. Innenansichten aus deutschen Chefetagen. es 2599. 202 Seiten

Albert Ostermaier. Fratzen. Blaue Spiegel. Stücke. es 2587. 155 Seiten

Taras Prochasko. Daraus lassen sich ein paar Erzählungen machen. es 2578. 124 Seiten

Shalini Randeria, Andreas Eckert. Vom Imperialismus zum Empire. Nicht-westliche Perspektiven auf Globalisierung. es 2548. 337 Seiten